Liebe Leute

Robert Löffler

Liebe Leute

83 neue gefällige Bemerkungen

BUCHVERLAG

Die Deutsche Bibliothek – CIP-Einheitsaufnahme

Löffler, Robert:
Liebe Leute : 83 neue gefällige Bemerkungen / Robert Löffler. -
St. Pölten ; Wien ; Linz : NP-Buchverl., 2002
ISBN 3-85326-512-X

© 2002 by
Niederösterreichisches Pressehaus
Druck- und Verlagsgesellschaft mbH
NP BUCHVERLAG
St. Pölten – Wien – Linz

www.np-buch.at
verlag@np-buch.at

Grafische Gestaltung: verlagsbüro wien

Gesamtherstellung:
Niederösterreichisches Pressehaus
Druck- und Verlagsgesellschaft mbH
A-3100 St. Pölten, Gutenbergstraße 12

ISBN 3-85326-512-X

Vorwort von Josef Hader

Herr Löffler ist ein Herr, der kleine Texte macht. Seine Geschichten gleichen roten Luftballons, die von einer Kinderhand losgelassen werden und dann zur allgemeinen Überraschung offenbar mit einem geheimnisvollen Gas gefüllt bis in die Stratosphäre aufsteigen, wo sie nachdenklich lächelnd und mit einem unmerklichen Kopfschütteln herumhängen. Weiter unten in den Zeitungsredaktionen machen die Texte der nicht vergleichbaren Kollegen verschwitzte Reckaufschwünge.

Es ist dies ein Buch über Menschen, und man kann viel lachen. Und manchmal beobachtet Herr Löffler so genau, dass er eigentlich zum Schluss kommen müsste, wir Menschen seien ziemlich scheußliche Raubtiere. Das macht er aber nicht. Das liegt daran, dass Herr Löffler uns Menschen nicht besonders oft in voller Lebensgröße sieht, sondern mehr im Fernsehen, wo wir eher wie abgestrampelte Insekten wirken, die man, zumindest wenn man sie länger beobachtet, fast gern haben muss. So erfahren wir vom Autor viel über den Zusammenhang von Menschenliebe, weil er keinen besonders großen Fernsehapparat daheim hat.

Später, wenn viele, die heute Dichter sind, Kolumnisten gewesen sein werden, wird Herr Löffler ein Dichter sein.

Österreich – Ungarn

Ehe ich zu einem Vorfall in „Schöner leben"
komme, sei aufgefrischt, dass Ihr Tmx als ein
dem Ungarlande zugeneigter Mann gehandelt
wird.
Er kennt dazu einen schönen Witz, der Leser
kennt ihn wohl auch und wird ihn nun gerne
nochmals lesen.
Denn es ist ein Witz, den man immer wieder
hören kann, und wenn ihn mir längere Zeit
niemand erzählte, erzähle ich ihn mir selber:
Wo also im Stadion ein Ländermatch
stattfindet und Otto von Habsburg frug:
„Wer spielt denn heut?"
„Österreich – Ungarn."
„Ahhh! Gegen wen?"
Dieser Witz macht uns zu Brüdern, mir wird
wohl bei ihm.

Nun war in „Schöner leben" eine junge
Familie zu sehen: Er ist Tiroler, sie Ungarin,
sie leben in Österreich.
Ihr kleiner Bub spricht noch nicht Ungarisch
und der Großvater in Ungarn nicht Deutsch.

Manchmal besuchen sie Ungarn, und die
Ankunft schildert das Bübchen so:
„Wenn ich aus dem Auto aussteige, kommt
dann Opa und nimmt mich immer in die
Arme und hebt mich auf. Und manchmal
weine ich, weil ich ihn so lieb habe."

Liebe Leute, in alter Zeit hätte man daraus
ein Gedicht gemacht.
Die romantischen Federn waren hinter derlei
her.
Heute steht so etwas bei Ihrem Tmx, von
dem man ja sagt, er habe die Ohren des
Freiherrn von Eichendorff – was mir einer-
seits doch zu viel ist.
Aber dass er das Bübchen vernahm, wollen
wir ihm hoch anrechnen.

ABWECHSLUNG

„Ich brauche", sagte letztens die australische
Pop-Queen Kylie Minogue in den
„Seitenblicken", „die Abwechslung wie die
Luft zum Atmen!"
Ihr Tmx detto. Ich surfe, ich zappe.

Manche meinen, daran die Nervosität der
Zeit zu erkennen. Hat eine Sendung einen
kleinen Durchhänger, scheint sie uns ein paar
Sekunden öd und leer, können wir es nicht
ertragen und schalten weiter.
„Frustrationsintolerant" nennen es die
Psychologen.
Doch warf man schon immer gerne kurze
Blicke. Selbst Leute, die Nerven wie Schildkröten haben und daher Gedichte lesen,
gehören dazu.
Wie oft schließt im Schatzkästlein ein Gedicht
nicht an das andere an, blitzartig wechseln
die Plätze. Einmal wird einer in Versen
umgebracht, dann stürzt eine Brücke
zusammen, und im Nu sitzt du beim Röslein
auf der Heiden.

So zappten und surften sie schon im
Biedermeier, wenn auch in der Maske einer
Biene, die von poetischer Blume zu poetischer
Blume flog.

Meine Abwechslungslust lesen wir auch an
der Arbeit ab. Andere Schreiber, Thomas
Mann, Günter Grass etc., verbissen sich
jahrelang in ihre dicken Schwarten.
Ich aber schließe meine Werkchen täglich ab.
Schrieb ich gestern über Pimpel, schreib ich
morgen über Pampel.
So entziehe ich mich leidiger Beharrung.
Allerdings schaut man in diesem Falle beim
Nobelpreis durch die Finger.

Schreiben

Letztens sagte der Bestseller-Autor Frédéric
Beigbeder („Neununddreißigneunzig") in der
„ZiB/Kultur":
Er habe schon genug gehabt von seinem Job
als Werbefachmann.
Aber anstatt zu kündigen, schrieb er ein Buch
über die Innenseite der Branche.
„Dafür hat man mich hinausgeschmissen.
Jetzt muss ich das nicht mehr machen – jetzt
bin ich frei!"
Man sieht daran, dass es einer, der schreibt,
gut hat.

Liebe Leute, Schreiben kann der Seele wie
dem Beutel helfen.
Als Beispiel für die Seele wird sehr gerne der
dem Leser bestens bekannte Dichter Ovid
herangezogen.
Als man ihn einst von Rom nach Tomis ver-
bannte, hat er schon auf der Reise die
„Tristien", die Trauergedichte, zu schreiben
begonnen: Klagen und Seufzer, die ihm wohl
taten.

Er erfand die Poesie der Sehnsucht und des
Vermissens.
Seither weiß man: Wer über sein Leid
schreiben kann, ist schon halb genesen.

Als eine andere Form der Zweck-Publizistik
gilt jene des berühmten Autors der zwanziger
Jahre, der von einem Installateur die Toilette
reparieren ließ.
Der Mann arbeitete 10 Minuten und
verlangte 4 Mark 50.
Der Autor bot ihm die Hälfte, da wurde der
Installateur saugrob, eine Stunde lang.
Dann zahlte der Autor: 4 Mark 50 plus
50 Pfennig Trinkgeld: 5 Mark.
Was ihm der Installateur gesagt hatte,
verkaufte er an Witzblätter für 190 Mark.
So viel Sinn kann Schreiben haben, liebe
Leute, achtet mir also die Schreiber!

Eselsbrücken

Ihr Tmx hatte einen Berufsschullehrer
zitiert, der uns folgenden Merksatz für die
Umrechnung 1 € = 13,7603 ATS
empfahl:
„Am Freitag, dem 13., haben sie sich
getroffen, waren im 7. Himmel, haben dann 6
gehabt, dabei aber 0 aufgepasst, und jetzt
sind sie zu dritt."
Der Satz ist amüsant, für die Praxis nicht
ungefährlich, weil man die Fakten leicht
verdrehen kann.

Ihr Tmx kennt solche Mnemotechnik seit der
Volksschule, ich habe die Kunst des
Behaltens, die ars memorandi, auf
lächerlichste Weise geübt und gebraucht.
„6 x 6 = 36" lernten wir in den Zeiten, wo
einem die Lehrer noch die Hosen stramm
zogen, durch den Spruch:
„6 x 6 = 36,
ist der Lehrer noch so fleißig,
sind die Kinder noch so dumm,
macht der Lehrer bum-bum-bum."

Später unterschieden wir die – leicht verwechselbaren – vom Boden nach oben wachsenden Tropfsteinsäulen (Stalagmiten) und die von der Decke nach unten wachsenden (Stalagtiten) durch das Hilfswort „Stalag-Titten".
Nun wussten wir, was von oben und was von unten war.

Es sind Eselsbrücken, „pontes asinorum" genannte Tricks, mit denen man sich etwas ins Bewusstsein ruft.
Ich selber bescheide mich beim Euro mit zwei Kommastellen.
Als Papst Gregor XI. von Avignon nach Rom zurückkehrte und damit die babylonische Gefangenschaft der Kirche beendete, schrieb man das Jahr 1376, und das genügt mir.

WUNDEN

Letztens erzählte die TV-Regisseurin Heide
Haschek von einem Unglücksfall in der
Küchensendung „Frisch gekocht":
„Einmal hat sich die Lotte Tobisch beim
Fleischschneiden den Finger fast
abgeschnitten."
Liebe Leute, darüber wird Frau Tobisch keine
Freude gehabt haben.
Bei allen ist das aber nicht so.

Sich auf prominentem Felde eine Wunde
zugezogen zu haben – das ist ja oft der Stolz
eines Menschen.
Viele mir bekannte Frauenspersonen gäben
ihre Ringe dafür, ein deutliches Mal am
Körper zu tragen: als Erinnerung an jenen
stolzen Tag, da sie vor den Augen des ganzen
Volkes kochten.
Sie trügen es, wie ein Weib aus einem
exotischen Stamm die Schmucknarben trägt.

Anders bei Frau Tobisch.
Im Fernsehen zu sein, ist ihr nicht seltsam.

Sie hat Umgang mit TV-Reportern.
Als Opernball-Lady lauerten ihr ja diese
Brüder auf und rückten sie in Grün, in Rot,
in Lachs ins Bild.
Auch ist sie eine Dame von Rang und
geschichtlich vielleicht von weit her.
Solche Familien sind andere Narben gewohnt.
Einem Vorfahren mag der Türke ein Ohr
abgehauen haben, ein anderer mag sich bei
Austerlitz ein Holzbein, ein dritter bei Aspern
eine eiserne Hand geholt haben.
Da kann es einen nicht mit Stolz erfüllen,
wenn man, nach der Narbe gefragt, sagen
müsste: „An der Beiried abgerutscht!"

KOMMEN UND GEHEN

Als wir kleine Buben waren, liebe Damen
und Herren, da läuteten wir gern an fremden
Türen und liefen davon.
Dieser Streich wiederholt sich heutzutage
viele tausend Male.
Die Rolle der bösen Buben hat die Television
übernommen, sie verwendet in Shows, Filmen
usw. Klingelzeichen, die mit unseren
Türglocken und Telefonsignalen ident sind.
Speziell Leute, die sich berieseln lassen und
das Programm nur per Ton verfolgen, wissen,
wenn es läutet, nicht: Ist jemand an unserer
Tür? Oder hat uns das Fernsehen wieder
genasführt?

Als jüngst der Tiroler Komponist Werner
Pirchner starb, riefen sie ihm in „Treffpunkt
Kultur" einige gute Worte nach. Und man
zeigte zum Gedenken alte Filmsequenzen:
Herrn Pirchner vor seinem Häuschen.
Er wies uns auf die beiden Metallröhren, die
vor der Tür hingen, hin, schlug mit dem
Fingerknöchel daran, und sie erklangen.

„Des oane is ein D und des andere ein A",
sagte Herr Pirchner.
„Wann i hoamkim, dann schlag i zerscht aufs
D und dann aufs A, des hoaßt DA – i bin
wieder da. Und wann i fortgeh, dann schlag i
zerscht aufs A und dann aufs D, des hoaßt
ADE – und dann bin i weg."

Liebe Leute, das war eine feine Art, das
Gehen und Kommen anzuzeigen.
Und der Mann konnte überdies nicht im
erwähnten Sinne getäuscht werden, denn so
poetisch klopft das Fernsehen nie an eine Tür.

Tête de Moine

Letztens hat die von Ihrem Tmx sehr geschätzte Schauspielerin und Gesellschaftslöwin Edith L. in den „Seitenblicken" folgende Anekdote zum Besten gegeben: „Ein Freund von mir hat's geschafft, in einem überfüllten Zug völlig allein in einem Abteil zu sitzen: Er ist von der Schweiz nach Wien gefahren und hat einen Koffer mit Käse dabeigehabt ...

Ihr Tmx kann hier eine viel weniger lustige Geschichte anschließen: Ich kannte einen Herrn, der selber wie eine Kiste Tête de Moine roch, er brauchte also gar keinen Koffer mitzunehmen, um im Abteil allein zu sein. Die Reisenden prallten zurück, wenn sie die Schiebetüre öffneten.
Dies ist einer der wenigen Vorteile, die man hat, wenn einem das Schicksal die schwere Prüfung eines Käse-Odeurs auferlegte.

Immer wieder hört man von neuen geruchstilgenden Mitteln, so genannten Deodoranten.

Sie bewähren sich nur bedingt.
Die einzige wirklich funktionierende Methode
las ich in einem Anstandsbuch für gehobene
Kreise, in denen der Düftling normalerweise
besonderes Entsetzen hervorruft und die
Damen dazu verleitet, hinter seinem Rücken
herumzutanzen.
In diesem Anstandsbuch stand der Rat:
„Schweißfüße sind durch mitgeführte
Quargeln zu tarnen."
Seit diesem Satz macht mich im Zug
mitgeführter Käse immer etwas misstrauisch.

WURST

Man habe letztens im Radio jemanden sagen
hören: „Das ist mir Wurst!"
Darüber, schreibt der Leser Dr. Othmar G.,
sei bei ihm ein Streit ausgebrochen.
„Schreibt man das groß oder klein? Wurst
oder wurst?"
Liebe Leute, ich glaube, das ist wurst.

Ich selber neige zum adjektivischen
Gebrauche, zu „wurst".
Mit der Zeit verblasste ja der Inhalt von
Wurst und nahm die Bedeutung egal oder,
wie in Deutschland gesagt wird, schnuppe,
schnurz und piepe an.
Das Wort „schnuppe" hat den Weg schon
hinter sich: Einst war „die Schnuppe" der
verkohlte Abfall vom Docht des Lichtes. Sie
bekam dann so sehr die Bedeutung „egal",
dass man es klein zu schreiben anfing.
Im Falle Wurst ist Wurst noch auf dem Weg
von Wurst zu wurst.
Der neue Duden schreibt uns vor: „Das ist
mir wurst (ganz gleichgültig)."

Das neue Österreichische Wörterbuch
dagegen, die eben erschienene 39. Auflage,
welche übrigens in keinem Haushalt fehlen
sollte, schreibt Großschreibung vor: „Mir ist
alles Wurst (gleichgültig, egal; Blunzen,
Powidl)."

Offensichtlich sind die sensiblen Germanisten
der Wörterbuchredaktion der Meinung, dass
den Österreicher eine gewisse angeborene
Verfressenheit zu Folgendem verleitet:
Wenn er sagt, es sei ihm etwas wurst, so hat
er, im Gegensatz zum Deutschen, neben
„egal" noch immer ein klein wenig die
Pariser, Krakauer, Feine Extra,
Braunschweiger usw. im Sinne, was eben
Großschreibung erfordert.

VOGELSTERBEN

Die, wie sie schreibt, leidenschaftliche
„Universum"-Seherin Angela T. meint: Über
so vieles habe man sie in dieser Reihe schon
aufgeklärt, nur eines kam, so weit sie es weiß,
noch nie zur Sprache: das Ende des Vogellebens.
Ja, das ist vielen ein Rätsel.

Liebe Leute, wir hören so viele Vöglein
singen und sehen so viele Schwärme fliegen.
Vögel werden im Frühling zu Abertausenden
geboren. Doch wo sterben sie?
Wo sind ihre toten Körperlein? Dann und
wann begegnen wir einer toten Taube auf der
Straße, einer toten Amsel im Park.
Wer sah je eine tote Nachtigall?
Das süße Katzenvieh sitzt zu Hause und frisst
Kitekat und spielt mit Wollknäueln Fangerl.
Der Katzenbauch kann also auch nicht der
Vogelfriedhof sein.

Ich selber habe schon die Überlegung gehabt:
dass sich Vögel vielleicht diskret zum Tode
zurückziehen.

Dass sie geheime Plätze haben und wie die
Greise frommer exotischer Stämme, wenn sie
ihre letzten Tage kommen fühlen, sich weit in
die Einsamkeit tragen lassen und unter
Immer-leiser-und-leiser-Werden die erlösende
Kälte erwarten.
Aber so wird es auch nicht sein.
Ich will gelegentlich den Mitvogel Festetics
fragen, er wird es wissen, er kann fragen.
Ich selber rede ja auch mit den Vögeln, aber
mir antworten sie nicht.

Zauberer Bobby

Ich hatte über die große goldene Uhr mit dem
breiten goldenen Band am Arm eines Fernseh-
lieblings geschrieben.
Das Band sei so breit, hieß es da, und die Uhr
so groß, dass sie in der frommen Hierarchie
eigentlich nur dem Papste und im Profanen
nur den Schweinehändlern zustünden.
Nun frug der Leser Dr. Julius T.: „Hat Ihnen
besagter Mann die gebührende Antwort
erteilt?"

Ich bin auf solche Antworten nicht erpicht,
liebe Leute, ich habe mit dem Erwähnen von
Schmuck keine guten Erfahrungen gemacht.
Ich entsinne mich etwa des riesigen goldenen
Ringes, den der lustige Zauberer Bobby L. sel.
einst im Kinder-TV trug.
Damit erwecke er doch bei den Kleinen ein
unangemessenes Prachtbedürfnis, warnte ich.

Bald kam ein Brief.
Den großen goldenen Ring brauche er zum
Zaubern, darin verstecke er ein Seidentüchlein.

Im Übrigen entzücke ihn meine Art zu
schreiben: Literatur vom Feinsten.
Und der Tag, an dem er mich nicht liest, sei
ein verlorener. In tiefer Verehrung etc. etc.

Einige Tage später traf ich eine Dame aus
dem unterhaltenden Künstlerkreise, eine, wie
liebevoll gesagt wird, Gatschn.
„Gestern", sagte sie, „habe ich den Bobby L.
getroffen. Er hat gesagt, Sie sind ein
Arschloch."
Seither, liebe Leute, habe ich eine instinktive
Scheu, mit Menschen zu kommunizieren, auf
deren Schmuck ich einmal lächelnd hinwies.

WEINVIERTLERISCH

In der Krimi-Serie „Polt", die im Weinviertel
spielt, reden die Personen zu wenig
Weinviertlerisch, sagte letztens eine Anruferin
in „Von Tag zu Tag".
Es sei vom Zungenschlag her nicht das, was
man sich im Weinviertel vorgestellt hätte.
Der Autor Alfred Komarek antwortete:
Die Serie werde vor allem für die Wiener, die
Österreicher, die Deutschen, die Franzosen
gemacht, für die die Nähe und die Reinheit
des Weinviertler Idioms ohne Bedeutung ist.

Liebe Leute, es ist nicht nur ohne Bedeutung
– man verstünde die Dialoge gar nicht.
Ich selber liebe das Weinviertlerische, es ist
meine Muttersprache, und ich werde rührselig
und stolz, wenn jemand zur Fliege „Floign"
sagt.
Oder zur Arbeit „Oawat" und zu hören
„losn".
Und wenn sie L und N vor R ausfallen lassen:
Statt gern „gen" sagen, statt verloren
„volon", statt Kinder „Kina".

Und wenn sie die I anhängen oder
einschieben, statt Berg „Beri" sagen, statt
durch „duri", statt Orgel „Origl".

Das ist Musik in meinen Ohren, ich fahre ins
Weinviertel nicht nur wegen der Trauben,
sondern auch wegen der Wörter.
Aber der Dialekt ist nicht filmtauglich.
Der Film braucht viele, viele Zuschauer, sonst
ist er nicht bezahlbar.
Das ist die Crux des Dialekts, dass er per
Spielfilm nicht transportierbar ist: wie es die
Crux der Rose ist, dass es ebenso mit ihrem
Dufte steht.

SPUCKE

In den „Seitenblicken" war zu sehen, wie
Dagmar Koller ihren Ehemann für die
wartende und lauernde Fotografenschaft fit
machte.
Sie glättete ihm mit der Hand die Haare.
Als sich diese widerborstig zeigten,
befeuchtete sie mit der Zunge drei Finger der
rechten Hand und strich den Schüppel
nieder.

Liebe Leute, Spucke ist die Pomade der
Liebe.
So verfuhr mit mir die gute Mutter, ehe wir
irgendwo feierlich eintraten: in ein
Wartezimmer oder wenn sie mich
einschreiben ließ oder bevor ich mit der
Blockflöte auftrat.
In dieser Manier wusch sie mir auch den
einen oder anderen Fleck von der Stirne.
Oder tupfte mir ein Flankerl von der Wange,
denn die Adhäsion eines nassen
Fingers ist ungleich größer als die eines
trockenen.

Und die Intimität dieser Nässe ist so groß,
dass man jedem anderen, der es versuchen
würde wie die gute Mutter, sogleich eine
blutige Nase schlüge.

Man müsste einen Experten wie Herrn
Pechlaner fragen, ob sich dergleichen nicht
durch die gesamte Zoologie zieht.
Ob Spucke nicht nur zur dämonischen
Abwehr, zur Verachtung und Bestrafung,
sondern auch zur Liebe verwendet wird.
Katzen glaube ich schon dabei gesehen zu
haben.
Auch Affen taten es vor meinen Augen so,
wie Frau Koller es tat und mein seliges
Mütterlein.

ATEM TRINKEN

Letztens hörten wir im „Land des Lächelns"
auch Lehàrs berühmteste Arie „Dein ist mein
ganzes Herz".
Darin findet sich der schöne Satz:
„Ich möchte deinen Atem trinken."
Der zu Späßen aufgelegte Leser Reinhard M.
schrieb:
„Das ist Mundwasserwerbung. Ohne Odol
wird diese Liebeserklärung nicht umzusetzen
sein!"

Ihr Tmx ist kein großer Freund von
Bemerkungen, die darauf abzielen, Pathos
lächerlich zu machen.
Es ist eine niedere Perspektive, einem, der
Liebe schwört, Gurgeln zu empfehlen.
Nobel ist es, alles, was einen Menschen
erträglich macht, bei der Schilderung der
Liebe vorauszusetzen und unerwähnt zu
lassen, wie da eben ist: der Hals gewaschen,
die Ohrläppchen betupft, das Haar zu Wellen
geschoben, die Zähne gebürstet, der Nabel
gespült usw.

Im Übrigen ist der Begriff Atem in unserem
und in tausend anderen poetischen Fällen
abstrakt gebraucht.

Man kann also gar nicht mit dem
Gedanken spielen, dass der, dessen Atem
getrunken werden soll, vorher Escargots
à la provençale aß.

Ich denke hier auch an die eine Geschichte
Martin Bubers, in der ein Schüler Rabbi
Jizchak Eisiks so zärtlich erzählt:

„Anfangs, wenn ich die Lehrrede unseres
Meisters zu hören kam, ohne sie noch
verstehen zu können, machte ich den Mund
weit auf, dass doch sein heiliger Atemhauch
in mich eindringe." Ähnlich ist die eingangs
erwähnte Zeile aufzunehmen.

SCHÜTTELREIME

Letztens trat in „Willkommen Österreich"
der berühmte Schüttelreimer Stefan Paryla auf
und gab uns folgende Probe seines Könnens:
„Ich sitze gern an Bauerntischen,
tut es in den Tauern pischen."
Das sei eine sehr unfeine Poeterey, schreibt
die Leserin Alice Z. Herr Paryla hätte in einer
Familiensendung auch etwas Anständigeres
vortragen können.

Liebe Leute, das onomatopoetische Wort
„pischen" – das also wie etwa „Watsche"
lautnachahmend ist – hält Ihr Tmx, der in
diesen Dingen sehr sensibel ist, für harmlos
und familienfreundlich.
Im Repertoire der Begriffe, die sowohl regnen
als auch Wasser abschlagen bedeuten, ist es
noch das Kindlichste.
Wenn der Leser die übrigen Synonyme im
Geiste passieren lässt – ein jeglicher hat ja ein
gutes Dutzend im Kopf –, so kann er
vergleichsweise Herrn Parylas Ausdruck sogar
Salonfähigkeit zusprechen.

Schüttelreimer probieren ihre Begriffe und Sätze nach allen Seiten hin.

Dass es in den Tauern regnen soll, könnte man auch mit dem Wort „schütten" ausdrücken. Dann hieße es etwa:

„Sie zeigt gern ihre schauern Tütten,
tut es in den Tauern schütten."

Dies wäre zwar nicht derb und hätte gleichwohl einen Hauch von Erotik. Es ist aber insgesamt wegen des Bedeutungsmangels – was sind schaure Tütten? – eines Paryla nicht würdig. So entschloss er sich eben zum eingangs erwähnten, letztlich doch meisterlichen Reime.

DES PFARRERS ARME

Letztens ist im ORF aus erster Hand
berichtet worden, was wir zollfrei über die
Grenze schaffen dürfen.
Es wird ja immer mehr.
Das ist moralisch insofern erfreulich, weil
dadurch weniger zu flunkern ist bei der
Heimkehr, beim Verheimlichen etwa der
mitgebrachten Gifte Nikotin, Coffein,
Branntwein.

Zwar hat es das Flunkern an der Grenze zu
keinem unmoralischen Ansehen gebracht.
Stehlen, denunzieren etc.: Das tötet den Ruf.
Ein bisschen schmuggeln dagegen, den
Grenzer übertölpeln, erheitert später die
Tischrunden.
Man erzählt sich solche Geschichten sogar
von Autoritäten des Anstands:
Vom Pfarrer, der zwei Kilo Kaffee mitnahm
und die beiden Pakete vor der Grenze unter
die Achseln schob.
„Herr Pfarrer", frug der Zöllner, „haben Sie
etwas eingekauft?"

„Ja, zwei Kilo Kaffee, aber ich habe sie
gleichmäßig unter den Armen verteilt."
Das ist üble Kasuistik, unchristliche
Wortverdreherei. Aber wer davon hörte,
empfand es als zulässige List, niemand als
Sünde.

Dass sich ein geistlicher Herr so verhalten
kann, hängt wohl auch damit zusammen,
dass die Zöllner der Bibel Spitzbuben waren,
welche die Tarife willkürlich und betrügerisch
handhabten.
Sie wurden daher mit Sündern, Heiden und
Dirnen gleichgestellt, mit denen nur der Herr
selber gut Kirschen aß, seine Stellvertreter
weniger.

Vorlberg

„Wie", schreibt die Leserin Angela H.,
„spricht man ‚Vorarlberg' aus?"
Sie höre es im Radio einmal auf der ersten,
dann wieder auf der zweiten Silbe betont:
Voorarlberg?
Voraarlberg?

Liebe Leute, die einen sagen so, die anderen
so.
Auch das Wörterbuch der Österreicher,
nämlich das Österreichische Wörterbuch,
sagt in Bezug auf Vorarlberg: Man dürfe es so
aussprechen oder so.

Mir selber aber fällt seit Jahrzehnten auf,
dass manche ORF-Leute das „a" überhaupt
verschlucken.
Sie sagen: „Vorlberg."
Ich habe einmal einen solchen Mann zur
Rede gestellt.
Er bestritt es.
Es ist ein seltsames Phänomen, dass manche
nicht merken, wenn sie Buchstaben auslassen.

Dergleichen Hinweise finden sich in alten
Schauspieler-Anekdoten.

Heute ist es Powidl, ob auf der Bühne alle
Vokale gesprochen werden.

Einst aber erzählte man sich mit Schaudern,
die große Elisabeth Bergner sage immer
„Wrum" statt „Warum".

Sie selber hörte es nicht und frug, darauf
aufmerksam gemacht, zurück:

„Wrum sagen alle, dass ich Wrum sage statt
Wrum?"

Schwer, liebe Leute, wird es sein, den
erwähnten ORF-Leuten „Vorlberg"
abzugewöhnen.

Schnarchen

Ich hatte vom Schnarchen eines Weibes,
nennen wir es „Psyche", geschrieben.
Der Mann, nennen wir ihn „Amor", lobte ihr
Schnarchen als leises Schnurren, dem
zuzuhören ein Vergnügen sei.
„Das muss", meint nun die Leserin Uli F.,
„ein ziemlicher Gockel sein. Für jeden
halbwegs normalen Menschen ist ein neben
ihm Schnarchender eine Qual."

Tatsächlich gilt Schnarchen nicht als
Geräusch mit hohen Image-Werten.
Obwohl Ihr Tmx aus manchen Stellen zeit-
genössischer Musik Sägetöne zu vernehmen
glaubt, ist das Ansehen röchelnder
Dissonanzen noch nicht so hoch, dass man
allgemeine Achtung davor empfände.
Gerade einer, der das Schlafzimmer und seine
Töne nicht als Symphonie hört, kann sich
eher gequält als amüsiert fühlen.

Andrerseits sind verliebte Ohren in der Lage,
Geräusche umzuwandeln.

Sie nehmen das Bellen des Hundes als Gesang
– „Hunde, die Nachtigallen der Dörfer" –
und das Schnarchen der Geliebten als
Schnurren.
Selbst wer zu dieser Wandlung nicht fähig ist,
wird die Hässlichkeit nicht scheuen.
Jemanden lieben heißt, ihm den Kopf über
das Becken halten, wenn er erbricht, und
keinen Ekel dabei empfinden, ja sogar ihn
noch mehr lieben.
Diese Beobachtung de Montherlants gilt in
gewisser Weise auch für das Gesägte.

Mutter Teresa

Ich kannte Mutter Teresa nicht persönlich.
Aber sie wird auch ihre Mucken gehabt
haben.
Vielleicht zog sie irgendwann eine Gehilfin
am Ohr, vielleicht vergaß sie sich einmal und
prügelte einen Aussätzigen.
Ich weiß es nicht.
Aber das Bild, das wir von ihr haben, ist:
die edle Selbstlosigkeit, die nimmermüde
Hilfe.
Und wenn es heißt, es gebe nur eine einzige
Traurigkeit auf der Welt: kein Heiliger zu
sein, dann muss die kleine Frau ein recht
frohes Herz gehabt haben.

Ein so gottgefälliges Wesen muss als Gattung
herhalten.
Nicht jede freilich verdient es, eine Mutter
Teresa genannt zu werden.
Ich tue mir schon ein wenig schwer, die
mildtätige und vielen unter die Arme
greifende Frau Stöckl „Mutter Teresa vom
Küniglberg" genannt zu hören.

Was mir aber nicht gefallen wollte, war in der
„ZiB 2" ein Satz in der ORF-Leichenrede:
„Beate Uhse, eine Art Mutter Teresa der
Intimzone."

Auch die selige Beate Uhse hat vielen
geholfen.
Arme Damen fanden bei ihr Herren in Form
von Gummiwürsten, gewiss wird den Herren
Sirenengesang auf CD angeboten usw. Bei
aller Erlösung, welche solche Anwendungen
bringen: Irgendetwas fehlte der alten Uhse
doch zur Heiligen.
De mortuis nil nisi bene, ich weiß.
Aber Mutter Teresa war sie keine.

Onkel Otto

Der Leser Dr. Ewald O. hörte letztens im deutschen Talk einen jungen Herrn sagen: Das Publikum mache immer „den Gruß an Onkel Otto".
Gerne wüsste er, was das bedeuten soll.

Unter „Gruß an Onkel Otto" versteht man das Winken in die Kamera.
Es ist der Versuch eines in der Masse Sitzenden, zur Individualität zu gelangen.
Dergleichen steht gesellschaftlich und intellektuell in keinem sehr hohen Ansehen.
Es entspricht etwa dem Klatschen der einfältigen Passagiere bei der geglückten Landung eines heimkehrenden Flugzeugs.
Oder dem scherzhaften Gruße der Witzbolde: „Meine Detonation!"
Oder dem Besuch des Musikantenstadels, bei welchem im Übrigen der Gruß an Onkel Otto am häufigsten von allen Sendungen zu sehen ist.

Otto ist bekanntlich ein Lieblingswort der Deutschen.

Es ist Substitution für vielerlei.
Onkel Otto im Speziellen nennen sie nicht
nur den unsichtbaren Gegrüßten, sondern
auch die Abortanlagen.
Die verhüllende Aufschrift „00" wird als
Abkürzung gelesen.
Wenn sich daher jemand vom Tische erhebt
und sagt: „Ich gehe zu Onkel Otto", entsteht
jedes Mal großes Gelächter.
Daher auch der Frohsinn fortan, wenn viel
Bier getrunken worden ist.

Schildkröte

Nicht zu glauben, liebe Leute, wie viele
Anhänger unter meinen Lesern Schildkröten
haben!
Als wir uns darüber erstaunt zeigten, dass die
Art Chelonia my zoologisch noch immer
„Suppenschildkröte" heißt – wo es doch längst
als unanständig gilt, Schildkrötensuppe zu essen.
Da gab es viele, die applaudierten und schöne
Geschichten über Schildkröten einsandten.

Meine eigene Beziehung zur Schildkröte ist
sentimental.
Ich habe Schildkröten auf unblutige Weise in
Besitz genommen: wie Waldmüller die Kühe.
Er malte sie, statt dass er sie stach.
Ich betrachte Schildkröten lange, schmiede
Verse über sie und erzähle davon den Kleinen
und Großen.

Gerne frage ich Kinder und naive Alte:
„Was ist das: Es hat einen Panzer, kriecht
langsam dahin und springt so hoch wie der
Stephansturm?"

Da denken sie lange nach.

Panzer … kriecht langsam dahin …

Das wüssten sie.

Aber Schildkröten können doch nicht
springen. Und gar so hoch wie der
Stephansturm!

„Nun", frage ich, „wie hoch springt denn der
Stephansturm?"

Mhm?

Da lachen sie.

Für manchen Knirps und manchen Greis aber
bin ich wegen dieser überraschenden Pointe
ein Stilkünstler und gelte unterhaltsam wie
der Zauberer.

So hilft mir die Schildkröte zu einer gewissen
angenehmen Unseriosität.

ARCHITEKTUR

Wir kennen Ihren Tmx auch als großen
Freund von „Willkommen Österreich".
Als solchen frug man letztens, wie er denn
mit der Inneneinrichtung der Sendung
zufrieden sei.
Im Allgemeinen sehr.
Sie hat die gewisse moderne Gemütlichkeit
und entspricht den Idealen eines fröhlichen,
jungen Wirklichen Amtsrates.

Lediglich dort, wo sich der Moderator mit
dem Gast zum Interview zurückzieht: Dieser
schmale Raum erinnert durch den Glasziegel-
Stil der Wand ein wenig an das Pissoir eines
Landgasthofes.
Die Männer, die darin auftreten – letztens
etwa der Liebling Chmelar und der
Spinnenexperte Dr. Jürgen Gruber –, stehen
einander gegenüber.
Man befürchtet nicht direkt, dass sie nun
ziehen werden und einander verwüsten.
Aber irgendetwas Gefährliches liegt
in der Luft.

Auch den Architekten, die solche Winkel schaffen, droht Gefahr.

Der Leser denke an den Weimarer Blut-und-Boden-Architekten Paul Schultze-Naumann, der in den dreißiger Jahren die Thüringische Hochschule für Baukunst leitete und heimattümliche Werte vermittelte.

Er errichtete in den unseligen Zeiten ein Gebäude, dessen Grundriss viele an eine Abortanlage erinnerte.

Sie nannten Schultze-Naumann von nun an heimlich Scheiße-Naumann, und das ist ein Damoklesschwert für einen jeglichen Architekten.

BLUMEN

Wusste der Leser, dass Rosemarie Isopp
dunkelrote Röhren und Sepalen hat und von
zierlichem, buschigem Wuchse ist?
Und dass Hilli Reschls Corolle
hellkarminviolettblau bezeichnet werden
muss?
Wusste der Leser nicht?
Ja, es erscheint ihm sogar ein wenig zu
medizinisch für eine öffentliche
Erörterung?
Dann sei gesagt, wie ich darauf stieß.

Letztens sah man in „NÖ heute" die Hoheit
Otto von Habsburg im lieblichen Reichenau
zwei Fuchsien-Sorten taufen.
Die Fuchsien selber sind nach dem Botaniker
Fuchs genannt wie die Weigelie nach dem
Botaniker Weigel usw.
Es ist ein schöner Brauch der Gärtner, neuen
Züchtungen im Rahmen einer kleinen Feier
Namen zu geben.
Die Hoheit taufte die eine Fuchsie „Zita", die
andere „Raxkönigin".

Jahre davor wurde eine Fuchsie auf
„Rosemarie Isopp", eine andere auf „Hilli
Reschl" getauft.
Liest man nun die Beschreibung, so erfahren
wir eben von den eingangs erwähnten roten
Röhren etc.

Ich habe noch folgende Anekdote anzufügen:
Eines Tages wollte man eine der Damen
fotografieren. Sie aber war nicht in Stimmung
und sagte zum Fotografen:
„Gehen Sie hinaus auf den Balkon und
fotografieren Sie die Fuchsie, sie schaut mir
ähnlicher als ich!"
So zauberhafte Pointen bringt der Umgang
mit Blumen hervor.

MUTTER

„Wir drei", sagte der „Willkommen-
Österreich"-Moderator Pirchner am Schluss
der Sendung, „kommen morgen wieder."
„Wir drei" – in lustigen Kreisen pflegt man
sogar „Wir zweieinhalb" zu sagen.
Sichtbar werden morgen freilich nur zwei sein –
er und Frau Engstler.
Aber sie ist gesegneten Leibes.
Endlich.

Ich sage endlich, denn ihr Bau ist mütterlich.
In ihr, denkt man, muss gut heranwachsen
sein.
Hat man dann das Licht erblickt, weiß man
bei der ersten Nahrungssuche schnell, wohin
sich wenden.
Denn ein mannbares Weib, dessen
Naturbestimmung es ist, Kinder zu gebären
und Kinder zu säugen, ist nicht schön ohne
gehörige Fülle der Brüste, wie Goethe zu
Eckermann sagte.
Und unsere Frau ist sehr schön, und daher
wird sie eben „endlich" Mutter.

Herr Pirchner fügte hinzu: „Es ist nicht von mir."

So wie Frau Reinisch ihr Kind nicht Herrn Jesionek und Frau Spera ihr Kind nicht Herrn Traxl zu danken haben.

Denn zwei immer gemeinsam vor der Kamera Sitzende erkennen einander meistens viel weniger, als sich das die vom TV-Geflüster über Hollywood beflügelten kleinen Leute ausmalen.

Die Zugeneigten, und sie gehen bei Frau Engstler in die Hunderttausende, warteten auf den Tag, da man in den neugierigen Blättern endlich ihr Glück sah:
Die Mutter, das Wurm im Arm.

Theaterbesucher

Ich hatte vom Fernseher erzählt, der das
Theatergefühl, ob er in der 1. oder 15. Reihe
sitzt, nicht kennt.

„Was sollte denn die Sitzreihe für eine
Bedeutung haben?", frug nun die Leserin
Dr. Alice Z.

Liebe Leute, das hat eine sehr große
Bedeutung. Um sie zu erläutern, zitiere ich
aus einer zauberhaften Miniatur des
deutschen Satirikers Max Goldt: Seiner
Beobachtung nach sitzen die klügsten und
feinsten Leute so etwa in den Reihen 4 bis 8.
Fein sind sie, weil sie durch die
Verschmähung der allerersten Plätze zeigen,
dass sie keinen Wert darauf legen, ihre
gesellschaftliche Wichtigkeit hervorzukehren.
Nah genug an der Bühne sind sie noch immer,
haben aber gegenüber denen in der ersten
Reihe den Vorteil, dass sie sich, falls die
Handlung nichts hergibt, vor den Haaren der
Leute der Reihe vor ihnen ekeln können,
womit man zur Not auch zwei Stunden
herumkriegen kann.

Sie können auch heimlich Haferflocken auf
die Schultern der Menschen vor ihnen streuen
und sich so einer amüsanten Retrospektive in
Anti-Schuppen-Mittel-Reklamen der fünfziger
und sechziger Jahre hingeben ...

Ich habe Herrn Goldts Beobachtung
weiterentwickelt und vermag heute die Leute
der 11. Reihe von denen der 20. Reihe
charakterlich auseinander zu halten.
Im Gegensatz zu Max Goldt gebe ich aber
meine Parameter nicht preis.
Ich schweige über so vieles, warum nicht
auch über das, woran ich euch erkenne, liebe
Leute.

UUUAAAAAHH

Letztens hörte man in „Universum" großes,
lang anhaltendes Affengebrüll.
Ich sprach mit einem Herrn darüber, und er
sagte nachdenklich: „Meinen Sie, dass diese
Lautstärke eine dämonische Wirkung hat?"
„Ja", versetzte ich, „das meine ich, und ich
kann es Ihnen anhand einer wahren
Geschichte sogar beweisen."

Ich lernte vor einigen Jahren durch Zufall
einen Abenteurer kennen. Wir saßen am
Kamin, und er erzählte:
In der Savanne Ostafrikas sei ihm eines
Nachmittags plötzlich ein anfangs harmlos
sich dahintrollender Löwe nachgelaufen.
Darauf habe er Reißaus genommen, doch der
Löwe sei näher und näher gekommen.
„Als ich", erzählte uns der Abenteurer, „den
Atem der Bestie schon im Genick spürte,
drehte ich mich blitzartig um und brüllte aus
Leibeskräften: ‚Uuuaaaaahh! Uuuaaaahh!'"
Er schrie so laut, dass im Kaminzimmer die
Fenster zitterten.

„Und? Und?", frugen wir ungeduldig,
„Weiter! Weiter!"
„Ich habe in die Hosen gemacht!", sagte er
leise.
„Nun", sagten wir, „das ist kein Wunder und
keine Schande – in dieser furchtbaren
Gefahr!"
„Nein!", sagte der Abenteurer, „nicht damals
– jetzt beim ‚Uuuaaaahh!'"

Wie die Sache in Afrika selber weiterging,
hat er nicht mehr erzählt, er entfloh.
Aber dass ihn der Löwe nicht gefressen hat,
geht aus den Umständen hervor, und so
können wir überzeugt sein, dass ein
gewaltiger Schrei doch dämonische Kraft hat,
und das galt es ja zu beweisen.

DER LIEBLING

Helmut Pechlaner, das beliebte hohe Tier von
Schönbrunn, hatte wieder eine Idee: Er ließ
den Liebling seines Zoos wählen.
Wen er selber nehmen würde?
Dazu meinte er in den „Seitenblicken":
„Welches Tier mir das liebste ist – das sage
ich natürlich nicht. Eine Kinderdorf-Mutter
darf auch nicht sagen, welches Kind ihr
liebstes ist."
Darüber muss er schweigen.

Um dem Leser die Mühe zu ersparen,
hierorts anzufragen, welches Tier Ihr Tmx
erkiese: Die Putzigen und Edlen sind es nicht.
Diese hat ja Gott in seinem unerforschlichen
Ratschluss so gemacht, dass sie den Steiff-
Tieren und dem Fernseh-Wastl ähneln.
Sie brauchen mich nicht, sie haben über
mangelnde Liebe nicht zu klagen.
Ich wende mich den ärmeren Ludern zu:
Meinen räudigen Lieblingen, denen schon ein
wenig die Haare oder die Federn ausgehen
und die einen Gesang haben, der durch

Reiben eines rostigen Nagels auf Beton sehr
gut nachzuahmen ist.

„Was wollen Sie denn mit so einem?", wird
der Leser fragen. „Auch wenn ein solcher
‚Liebling' gewinnen sollte – er hätte nichts
davon, er wüsste es ja nicht einmal!"

Das aber ist nicht wahr.

Denn ob die Blicke, die auf einen geworfen
werden, schaudernd sind oder zugeneigt: Das
fühlt ein jeder Vogel, der Leser
eingeschlossen.

DER MAIKÄFER

In „Willkommen Österreich" erfuhr man
letztens vom vermehrten Auftreten eines
großen Schädlings: des Maikäfers.
In manchen Gemeinden werden den Schülern
bereits 10 Schilling pro eingesammeltem Liter
Maikäfer bezahlt. Mich schmerzen solche
Meldungen, weil Maikäfer so schön sind.

Achim v. Arnim sagte, ein Maikäfer habe
etwas von einem geistlichen Herrn.
Sein schwarzes Käppchen, sein gefälteter
Kragen, sein brauner Rock.
„Das ist eine geistliche Couleur, er hatte mir
immer eine Ähnlichkeit mit einem kleinen
Pfarrer", so Arnim.
Einmal, als wir einen Maikäfer am weißen
Bindfaden fliegen ließen, glich er einem
Franziskanerchen bei der Himmelfahrt, dem
während des Starts der weiße Strick
aufgegangen war.

Ich habe daher Maikäfer immer lieber leben
lassen. Von einem Falle abgesehen.

Wir hatten einen in der Klasse, der im Zuge
des Wirtschaftstreibens zwischen Schülern –
abschreiben lassen für ein Marmeladebrot etc.
– sein Geld mit einer Attraktion verdiente:
Er biss für 1 Schilling einem Maikäfer den
Kopf ab.
Das sah ich mir bisweilen an. Es hatte eine
Wirkung wie heute der Horrorfilm.
Der beißende Knabe aber ergriff später einen
einschlägigen Beruf und ist darin noch heute
erfolgreich tätig.
So hatte die Szene erstens einen
künstlerischen Charakter, es war eine Art
Aktionismus. Und wir müssen sie zweitens
zur Berufsausbildung rechnen.
Das, hoffe ich, wird sie auch beim Leser ein
wenig verständlich machen.

KLISCHEE

In der „ZiB/Kultur" sagte letztens die von
Ihrem Tmx sehr geschätzte Senta Berger:
„In Wien zu leben, ohne zu arbeiten – das
kann ich mir nicht vorstellen. Ich bin ja kein
Lipizzaner und kein Sängerknabe!"
Liebe Leute, das klingt, als sei Lipizzaner und
Sängerknabe in Wien zu sein eine Faulheit,
jedenfalls keine Arbeit.

Aber, liebe Leute, was müssen Lipizzaner
nicht arbeiten, um ihre angeborene Eleganz,
Musikalität und Anmut zum Blühen zu
bringen! Dann erst werden die Zuschauer
angesichts der aufsteigenden Flanken und der
weggeschnellten Hinterhände vor so viel
Schönheit fast ohnmächtig.
Und was müssen die Sängerknaben ihre
Hälslein exerzieren und lernen, bis sie die
Texte haben: Veni Sancte Spiritus, Locus iste
a Deo factus est.

Es ist ein schweres Los, sein Leben als
Klischee hinzubringen!

Wie leicht reden die Leute über Lipizzaner
und Sängerknaben im ironischen Ton!
Selbst den Stephansturm, dieses unendliche
ästhetische Ereignis, diesen heiligen Spargel,
nennen sie so wie die Wärter ihren Affen
nennen oder Nestroy seinen Dienstboten:
„Steffl".

Würde ein Lipizzaner – nur weil Frau Berger
keinen aufsitzen lassen muss und nicht in die
Luft springt – sagen:
„In München zu leben, ohne zu arbeiten –
das kann ich mir nicht vorstellen. Ich bin ja
nicht Senta Berger."
Sie würde deshalb vielleicht nicht weinen,
Filmleute sind ja härter als Pferde, aber
gekränkt wäre sie allemal.

KRONPRUNZ

Die Leserin Eva L.-D. teilt mir eine
Beobachtung mit, die sie in „Willkommen
Österreich" machte:
Der dortige Liebling Chmelar habe sich in
einem Beitrag, Habsburger betreffend,
versprochen und „Kronprunz Rudolf" gesagt.
Liebe Leute, dies bedeutet mir aber nichts.

Sprachlich wäre Kronprunz nur dann von
Interesse, würde es sich um eine Sonderform
der Metathese, um einen Vokaltausch
handeln.
Dass das „i" von -prinz mit dem „u" von
Rudolf den Platz gewechselt hätte.
Also: Kronprunz Ridolf.
So aber hat sich das „i" ganz verloren.
Man kann daher nicht sagen, Herr Chmelar
hätte ein nennenswertes germanistisches
Phänomen bedient.

Auch von der Biographie des Kronprinzen
Rudolf ergibt sich zu Kronprunz keinerlei
komischer Konflikt.

Wäre Herr Chmelar dergleichen beim Prinzen
August von Hannover passiert!
Hätte also der Fehler eine berühmte
Anekdote illustriert – ja dann, liebe Leute,
hätte man eine im Sinne der Überlegungen
des Sigm. Freud gehaltene, so wissenschaft-
liche wie derb-vergnügliche Kolumne
schreiben können.
Da aber Rudolf sein Lebetag ordnungsgemäß
austrat, bleibt nur die eingangs erwähnte
Feststellung zu wiederholen:
Der Versprecher bedeutet mir nichts.

Urbs

In „Wien heute" wurde das
Fremdsprachensprechen propagiert.
Zur Auflockerung sollten drei Personen
„Wien ist schön" auf Ausländisch sagen.
Die Stadträtin Brauner sagte es, wenn ich
recht gehört habe, auf Spanisch, der
Sendungschef Tesarek auf Portugiesisch.
Anton Faber, der Dompfarrer von Sankt
Stephan, auf Lateinisch.

Frau Brauner und Tesarek hatten es
offensichtlich geübt, den Dompfarrer hatten
sie überfallen. „Vindobona", sagte er deshalb,
vielleicht aus einem Zwiegespräch mit dem
Heiligen Geist gerissen, „Vindobona est
pulchra … pulchra … was heißt jetzt
‚Stadt'??? – citta? – Naa, des is italienisch."

Es war, als würde einem Arzt die
Blinddarmentzündung nicht einfallen oder
einem Geflügelhändler dieser weiße Vogel
nicht: als würde ihm also die Gans nur auf
der Zunge liegen.

Ein Spaßvogel skizzierte augenblicklich eine
kabarettistische Szene von literarischer
Qualität:
Wie, so geht die Szene, der Dompfarrer am
Ostersonntag andächtig die Übertragung vom
Petersplatz in Rom verfolgt und nach der
Ankündigung sagt:
„Orbi verstehe ich – aber was meint er mit
urbi?"

Obwohl Ihr Tmx weit entfernt ist von
unchristlicher Schadenfreude, konnte er sich
jenes Frohsinns nicht ganz erwehren, den
Lateinprofessoren haben, wenn der Schüler
nichts weiß. Manche Leser mögen sich sogar
gefragt haben, ob der Spaßvogel mit der
Skizze nicht Ihr Tmx selber war.

JAHRESZAHLEN

Ihr Tmx war nie ein großer Freund der
Jahreszahlenbüffelei. Er wurde von einem
Geschichtslehrer diesbezüglich geschunden,
die Abneigung wuchs, die Leistung schwand,
und ich glich am Ende jenem Primaner: „Herr
Professor", sagte dieser, „die Jahreszahlen
wüsste ich alle, nur was gewesen ist, habe ich
vergessen."

Diese Abneigung behielt ich nach all den
Jahren, und es wird den Leser nicht wundern,
dass in meiner Tagebuchnotiz vom
verwichenen Sonntag, dem 22. April, statt
225 Jahren, die es in Wahrheit nun auch
schon wieder her war, seit Herzog August
dem jungen Goethe das Gärtchen schenkte,
stand: 277 Jahre sei es gewesen.

Wie aber nun, frugen viele Leser, kam ich auf
277?
Selten noch hat man sich über 277 allgemein
so erheitert, nie noch in der Geschichte der
Zahlen hat 277 so sinnlos ausgesehen.

Ich verderbe nun vielen das Vergnügen am
Nonsens durch die schlichte Lösung.
Als ich mir die Kolumne für den 22. April
zurechtlegte, ging ich alle 22. Aprile, derer ich
habhaft werden konnte, durch.
Zwei davon versprachen mir Lust beim
Schreiben zu machen: der eine 22. April mit
dem Goethe-Garten. Der andere 22. April: da
man Immanuel Kant gebar.
Das eine war 1776, das andere 1724.
Die beiden Blätter wurden vertauscht, Ihr
Tmx hat in seiner Abneigung keine weitere
Prüfung vorgenommen.
Ich will zum Psychiater gehen: dass er mich
verliebt mache in die Jahreszahlen und nicht
so zugenäht lasse.

Wolferl

Letztens war der von Ihrem Tmx so geschätzte Sänger Ambros in „Willkommen Österreich", um dem Publikum seine neue Platte zu empfehlen und ein wenig aus dem Leben zu plaudern.
Dabei kam es zu folgendem lustigen Vorfall: Er habe nicht vor, sprach er, „eine Art Respro… Reprospekti…" zu machen. Wollte er sagen Retrospektive oder Reproduktion – einerlei. Es gelang ihm nicht.

Ein simpler Schadenfroh mag darüber spotten.
Ihr Tmx aber, der dem Künstlervölkchen so wohlgesonnen ist und es auch häufig gegen die breite Masse verteidigt, sieht den Fall anders.
Zunächst kann kein vernünftiger Mensch, der je Herrn Ambros reden hörte, annehmen, derselbe habe einen Galimathias produziert.
Unter Galimathias verstehen wir: Begriffe zu gebrauchen, die man nicht genau kennt und nur in ungefähren Anklängen im Kopf hat.

„Jux primae noctis" ist ein Galimathias oder
„Carmina Bonanza".
Das also war es nicht.

Vielmehr war es einer jener verfluchten
Versprecher, aus denen man nicht mehr
herausfindet.
Ich selber hörte vor einiger Zeit einen
Radiosprecher, der „Radwandertag" sagen
sollte, innerhalb von wenigen Minuten
dreimal „Wadrandertag" sagen.
Es ist ein Phänomen, das mit Unwissen oder
gar mit dem IQ nichts zu tun hat.
Seid nicht ironisch zu Herrn Ambros, zu
einem also, den noch heute so viele ihren
Wolferl nennen.

Muckenstrunz

„Sie schrieben", schreibt die Leserin
Mag. Senta T., „dass Muckenstruntz vom
Duo Muckenstruntz & Bamschabl ‚der Kurze'
sei. Ich finde das respektlos."
Ich meine:
Wenn ein Duo derart auf Größenverhältnisse
aufbaut, ist es nicht beleidigend, das beim
Namen zu nennen.

„Der Kurze" gilt als edles Attribut.
Wer kennt nicht den Hausmeier und
späteren Frankenkönig Pippin III.: Man
nannte ihn Pippin den Kurzen.
Ich habe den Kleinwüchsigen immer
Respekt gezollt, sie haben einen kreativen
Trotz und arbeiten oft gottgefälliger als die
Langen.
Am Bilde Herrn Muckenstruntzes gefällt mir
seine Schubertähnlichkeit. Franz Schubert
war ja so groß wie Muckenstruntz.

Es ist schön, den Bedeutendsten der Welt zu
gleichen.

Ich selber schlage immer wieder das Lexikon auf und betrachte mit Zufriedenheit das Genie, von dem es heißt, dass ich ihm so ähnlich sei.

Und in der Literatur ist sogar von einem die Rede, der die Eigenschaften größter Männer in sich vereinte:

Er trug den Kopf schief wie Alexander der Große, hatte immer etwas in den Haaren zu nisteln wie Cäsar, konnte Kaffee trinken wie Leibnitz, und sein Hosenknopf stand ihm immer offen wie dem Cervantes.

Was an uns zunächst bedenklich erscheint, findet man in den angesehensten Persönlichkeiten wieder.

Und das ist tröstlich und lässt die lauernden Psychiater verhungern.

RUDLE UND STEINBÖCK

Ich hatte berühmte Paare aus Kleinkunst,
Wirtschaft etc. angeführt:
Pat und Patachon, Bunzl und Biach, Heilbutt
und Rosen, Rudle und Steinböck.
„Wie können Sie die Herren Rudle und
Steinböck ‚Rudle und Steinböck' nennen, wo
sie doch, wie aus jeder Ankündigung
ersichtlich ist und wie wir sie auch lieben,
‚Steinböck und Rudle' heißen?", wurde ich
gefragt.

Ja, liebe Leute, das war ein Fehler.
Dazu muss der Leser wissen, dass ich mit der
attraktiven Mutter Herrn Rudles, der
Kulturpublizistin und Romanschriftstellerin
Ditta Rudle, eine Zeit lang im gleichen Hause
tätig war und es zu den Höhepunkten dieser
Zeit zähle, mit ihr vormittags Kaffee
getrunken zu haben.
Als Pointe erwähne ich, dass mir einmal ein
sprachlich spiegelverkehrtes Gegenstück zu
Ditta Rudle bekannt wurde, die Schweizer
Journalistin Rita Dudle.

So kam es, dass ich – man könnte es
unbewusste mentale Korruption nennen –
Herrn Rudle vorzog.
Der Leser mag das Spielchen spielen: Gut
sei es, dass Ihr Tmx nicht die
Bekanntschaft mit Biachs Mütterlein
auf Kosten Bunzls machte oder auf
diese Weise Patachon vor Pat reihte etc.
Mir selbst sind aber solche billigen Spielchen
zu lachhaft.
Ich erwähne dergleichen nicht – dazu gehe
man gefälligst ins Kabarett und bettle nicht in
diesem ernsten Kasten um Gelächter.

STRPÜPLKOTU

„Wurden Sie auch in den April gesandt?",
fragte die Leserin Karin Z.
Ja, liebe Leute, ich fühle mich durch das
Jesus-Bild der BBC genasführt.
Es ging durch die Presse, man gewann den
Eindruck, dieses Gesicht heißt nicht Jesus,
sondern Strpüplkotu.

Man hatte angeblich einen Schädel aus jener
Zeit gefunden, dessen Gesicht mit der
gleichen Computerkunst rekonstruiert wurde,
mit der man Saurier aus Saurierknochen
rekonstruierte.
Viele sagen, das Bild des zerzausten,
stumpfnasigen und vollbärtigen Mannes, das
Jesus-Ähnlichkeit haben soll, werde in
wankelmütigen Leuten die Zuneigung
geringer gemacht haben.

Mir selber konnte es nichts anhaben, mein
Verhältnis zu ihm ist stabil.
Auch wenn Jesus wie Richard Gere oder
Kevin Costner, ja selbst wie Thomas

Gottschalk oder Hansi Hinterseer ausgesehen hätte – also in der Gewöhnlichkeit eines Lieblings gewandelt wäre –, ich würde weiter bei ihm sein und, das bete ich, er bei mir.
Die einzige Ideologie, die ich habe, ist seine Bergpredigt.
Daher liebe ich auch meine Feinde, vor allem die Scheinheiligen unter den Bigotten und Korrekten, die den Balken nicht auf der Schulter tragen.

Ja, ich fühle mich durch den rekonstruierten Jesus in den April gesandt.
Und ich wette, dass ihn Dürer tausendmal besser getroffen hat als der plastische Biologe von BBC.

Mittagsschläfchen

„Sie haben", schrieb der Leser Franz E.,
„vorgeschlagen, an Samstagnachmittagen die
alten Filme nicht zu früh anzusetzen, damit
die Älteren ihr Mittagsschläfchen halten
können. Ich meine, sie sollten halt das
Mittagsschläfchen lassen. Wie ich höre, ist es
ohnehin nicht gesund."

Liebe Leute, ich habe die Geschichte des
Mittagsschläfchens nicht studiert, aber mein
historisches Gefühl sagt mir, dass schon die
Neandertaler, nachdem sie die Tiere des
Waldes gegessen hatten, ein Weilchen die
Augen schlossen.
Siesta hält jedermann, auch wenn er nicht
liegt.
Gegen 13 oder 14 Uhr treten alle weg, es ist
die Stunde der allgemeinen Ermüdung und
Verblödung und der Vernachlässigung der
Pflichten.

Dem Dichter Heinrich Heine gelang einmal
eine typische und gefährliche Beobachtung:

„Die Schildwache", schrieb er, nachdem er an
derselben vorbeigekommen war, „hielt ihr
Mittagsschläfchen in aufrechter Stellung. "
Und als Goethe die Sixtinische Kapelle
besuchte, so erzählt er uns in der
„Italienischen Reise", da setzte er sich – ganz
König der Literatur – nicht vielleicht auf
einen Büßerschemel:
„Ich erinnere mich, ermüdet auf dem
päpstlichen Stuhle einem Mittagsschlaf
nachgegeben zu haben. "
Wenn also so viele nach dem Essen
niedersanken, dann werden es auch jene
dürfen, die gerne einen alten Film sehen. Es
ihnen zu missgönnen, ist eine Rohheit.

LITERATEN

Ich hatte von den Qualen der Literaten beim Anfangen eines Romans erzählt.

Der erste Satz muss einem Lasso ähneln, mit dem der Leser eingefangen wird.

Und so wie der Cowboy, ehe er den Strick schleudert, abwägend, messend die Schlinge über dem eigenen Kopf dreht, so abwägend und messend tut der Literat etwas, das weniger heldenhaft aussieht: Er nagt an Bleistift oder Federstiel.

Das also erwähnte ich, und der Leser Dr. Alfred H. schrieb: „Diese Zeiten sind doch wohl vorbei. Heute schreibt man nicht mehr mit Bleistift oder Feder."

Tatsächlich haben sich einige Autoren davon abgewandt und nützen nun die Vorteile des Computers.

Diese Vorteile sind: kein Spitzen mehr, kein Radiergummi, kein Tintentod.

Das aber büßen sie. Es ändert sich der Stil.

Es ist ja durchaus nicht dasselbe, ob einer während des Denkens durch Bleistiftkauen

langsam die Zahnstellung und den
Kieferknochen verändert oder ob er den
Mund ruhig hält wie im Tod.

Ich war letztens in einer Buchhandlung und
habe mir den Spaß gemacht, von ca. einem
halben Hundert neuen Romanen den ersten
Satz zu lesen.
Welch Niedergang durch den Computer!
Es wundert einen nicht, dass so viele ohne
Bleistift verarmen.
Oder, wie es der Kabarettist sagen würde:
Wenn Romanciers nichts zu beißen haben,
haben sie bald nichts mehr zu beißen.

FASTEN

Der von Ihrem Tmx sehr geschätzte
Psychologe und Kabarettist Bernhard Ludwig
empfahl im Rahmen der Aktion „leichter
leben", wie man einem Menschen abgewöhnt,
pro Woche sieben Tafeln Schokolade zu essen.
Früher, meinte dieser raffinierte Mann, habe
man zu so einem gesagt: „San S' wahnsinnig?"
Und verbot ihm die Schokolade gänzlich.
Heutzutage schone man das Selbstwertgefühl
des Schokoladeessers: „Könnten Sie sich
vorstellen", fragt man ihn, „dass Sie nächste
Woche mit nur fünf Tafeln auskommen und
trotzdem die gleiche Gaudi haben wie jetzt?"
Und so reduziert man langsam Tafel um Tafel
– bis er vielleicht bei drei hält.

Leider hört man von Leuten, die ihre guten
Vorsätze schon zu umgehen suchen.
Es sind immer die gleichen Schliche – da
schwor einer, die Fastenzeit lang keinen Wein
zu trinken. Dann kaufte er Gelatineblätter,
machte ihn zu Gelee und aß drei Viertel mit
Messer und Gabel.

Und mir fiel eine alte Geschichte ein:
Der Arzt frug im Säuferheim den Patienten
bei der Aufnahme, wie viel er pro Woche
trinke.
Er trinkt fünf Flaschen. Gab aber an: zehn
Flaschen.
Daraufhin verschrieb der – dem Bernhard
Ludwig im Achten des Selbstwertgefühls
ähnliche – Arzt:
Die erste Woche acht Flaschen, die zweite
Woche sieben Flaschen, die dritte Woche
sechs.
Als er wieder bei fünf war, wurde er als
gebessert entlassen.
Dies also die Gefahr beim heilenden
Zurückzählen.

LORD SNOWDON

Der von Ihrem Tmx sehr geschätzte ORF-
Mitarbeiter Roman Bartl, der sich unter
Aristokraten so elegant zu bewegen weiß, als
habe er selber die Tochter des Grafen B.
geheiratet, sprach in „Treffpunkt Kultur" mit
Lord Snowdon, dem verwichenen Gemahl
Prinzessin Margarets.
Auf die Frage, ob ihm die Zugehörigkeit zum
Königshaus bei der Arbeit als Fotograf
geholfen habe, sagte Snowdon: „Das kann ich
mit einem klaren Nein beantworten!"
Snowdon meint nämlich, Fotografieren ist ein
Handwerk, daher müsse der Fotograf
anonym sein. „Ich mag diese Künstler nicht,
die sich als Bohemiens verkleiden und schrille
Hüte tragen."

Ihr Tmx selbst ist belustigt, wenn er Künstler
mit sonderbaren Kleidern sieht.
Ich habe als Kind den „Till Eulenspiegel"
gelesen und darin am Hofe des Polenkönigs
Casimir einen Dichter gefunden, den ich nicht
vergessen werde.

Er war ein aufgeblasenes Männchen und trug,
„damit nun jedermann merken könne, dass er
ein Dichter sei, einen breiten Hut, einen
langen Mantel und befleiß sich auch sonst
durch Räuspern und Spucken den Dichter
hervorzukehren“.
Er ist mir seither ein Maß für alle, die ihre
Berufung als Kostüm tragen.

Lords ragen allerdings auch ohne
Verkleidung aus der Menge.
Fotografen meinen deshalb, Snowdon habe
leicht reden: „Wenn ich ein Eidam der Queen
Mum bin, erspare ich mir auch den großen
Hut!“, sagen sie.

DIE AUSNAHME

Es war die Rede vom Sohn des großen
Verlegers Ernst Rowohlt gewesen: von Harry
Rowohlt.
Ihr Tmx hatte sich von diesem Mann
entzückt gezeigt.
„Er soll aber aussehen wie ein Sandler",
meinte dazu der Leser Dr. Günther G.
So arg wird es nicht sein.
Aber tatsächlich kennt man ihn nicht nur aus
der ZEIT-Kolumne „Pooh's Corner" usw., er
spielt auch in der „Lindenstraße" den Penner.

Im Übrigen bieten ihm sein Äußeres und sein
Inneres auch Schutz.
Ich habe von einem Vorfall gehört – relata
refero, wie die Leute sagten, ehe sie durch die
Abschaffung der lateinischen Sprache einen
Ruck nach unten machten –, ich berichte also
mir Berichtetes.
Bei einer größeren Gesellschaft, so erzählte
man es, tätschelte Harry Rowohlt den
Hintern der Alice Schwarzer.
Sie fuhr herum.

„Ach du bist's, Harry!", sagte sie dann.
Jeder andere Mann wäre in dieser Situation
von Frau Schwarzer auf der Stelle ermordet
worden.
Sie soll ja einige diesbezügliche Leichen im
Keller haben.

Obgleich die so genannten Reality-Shows zu
nichts anderem gut sind, als den Zuschauer
zum so genannten Spanner auszubilden: Bei
mir hatten sie keinen Erfolg.
Aber Harry Rowohlts historischen Griff auf
die Schwarzer hätte ich gern gesehen.
Er ist seit den Ritten Katharinas der Großen
der einzige geschichtliche Sexualakt, den Ihr
Tmx nicht gesehen zu haben tief bedauert.

Allzu wahr

Weil letztens die Skikanone Dorfmeister
siegte, widmete ihr „Wien heute" einen
rührenden Beitrag.
Beginnend mit der Geburt, hieß es:
„Als die kleine Michi am 25. März 1973 in
Wien das Licht der Welt erblickte, wusste
noch niemand, dass sie als Flachländerin im
internationalen Skizirkus neue Maßstäbe
setzen würde."
Das ist wahr, liebe Leute.
Es ist sogar die Frage, ob es nicht zu wahr ist.

So, wie man nicht sagt, der Zucker ist süß,
der Regen ist nass, der Zwerg ist klein, weil
das ohnehin jeder weiß, ist es auch mit Klein
Michis nicht vorhersehbarer Zukunft.
Anders wäre es, könnte der Zucker auch
sauer, der Regen auch trocken, der Zwerg
auch groß sein.
Und es bestände auch die Möglichkeit, dass
beispielsweise ihre Tante am 25. März 1973
auf leisen Sohlen ins Geburtszimmer
geschlichen kam und dem Onkel zuflüsterte:

„Hugo, sie wird einmal als Flachländerin im
internationalen Skizirkus neue Maßstäbe
setzen!"
Dann wäre der Satz in „Wien heute"
gerechtfertigt gewesen.

So aber müssen wir ihn zum Stil des süßen
Zuckers, nassen Regens und kleinen Zwerges
zählen.
Das ist die so genannte Redundanz, das
Übermaß, die Weitschweifigkeit und in
unserem Falle die Würdigungs-
dampfplauderei, wie sie unter Laudatoren,
Leichenrednern usw. leider weit verbreitet ist.

DOPPELDEUTIG

Letztens sagte in „Hot Shots"
der vom lieben Leser so vergötterte
Dieter Chmelar:
Das Lied „Du entschuldige, i kenn di"
von Peter Cornelius sei das erste Liebeslied
auf einen Transvestiten.
???
Chmelar: „Du entschuldige, i kenn di –
bist du net die Klane, die i scho als Bua gern
ghabt hab?"
Interpretierte er also den Text so, dass er die
Klane damals schon gern hatte, als sie noch
ein Bua war.
Dergleichen Doppeldeutigkeit hat immer
einen Lacherfolg, selbst unter Kindern
verfehlt sie die Wirkung nicht.

Von den vielen Beispielen fällt mir aus dem
Stand das so genannte „Imperator"-Lied ein –
„Imperator blühn wieder die Bäume".
Der Texter hatte sich mit dem unter Reimern
so beliebten „-aum", Mehrzahl eben
„-äume", herumzuschlagen.

Millionenfach wurde „Träume" auf
„Schäume" gereimt – wer es heute noch
wagte, würde von Kritikern mit dem
Abortpinsel aus der Dichterstube gejagt.
Unser Texter also reimte die Praterbäume auf
ein Mädchen, das beim Küssen nicht
zuwarten möge:
„Drum küss, o küss, nicht säume …"
Darauf also sagten Witzbolde à la Chmelar:
Das sei das Lied von der Schneiderin, die,
statt sogleich zu küssen, einen Stoff säumt,
das Randerl umlegt usw.
Darüber also lachen alle Kinder gerade zur
Faschingszeit herzlich – wie eben über Herrn
Chmelars gelungenen Hinweis auf das
Transvestitenlied des Künstlers Cornelius.

Im Bett

Ihr Tmx lobt das Gerücht, dass die
riegelsame Moderatorin Barbara K.
und ein ihr zugetaner Mann namens
Walter bis jetzt den Sexualkontakt
gemieden haben.
Sehnsüchtig, so denkt nun die Fernseh-
kundschaft, träumen sie in ihren Betten
voneinander usw. – was sich eben ein an
Rosamunde Pilcher geschultes Gemüt
zusammenzureimen gezwungen sieht.

Oft, liebe Damen und Herren, erscheinen
auch uns die Stars im Schlaf.
Die Geister und Bilder der Berühmtheiten
schwärmen nachts wie Engel oder Kobolde
aus, legen sich zu den Zuschauern und
wärmen sie.
Längst sind die Apparate ausgeschaltet, und
Hunderttausende machen sich ihren eigenen
Film.
Auch Frau Barbara wird schon bei so
manchem – nicht nur burgenländischen –
Mann im Traum zu Gast gewesen sein.

Ich entsinne mich, vor Jahren diesbezüglich
von einem anderen Star gehört zu haben, von
Frau Loren.

Ein Fan – er stammte aus einer Gegend, wo
man „mechte" sagte statt „möchte" – seufzte
in unserer Runde etwas schamlos:

„Ach, heute mechte ich wieder mit der Sophia
Loren schlafen!"

„Wie?", fragten wir, „Sie sagen ‚wieder'?
Hätten Sie denn schon einmal mit Sophia
Loren geschlafen?"

„Nein", sagte er, „aber gemechtet habe ich
schon einmal."

Derlei also kommt uns in den Sinn, wenn
man in der Öffentlichkeit den Nichtvollzug in
der Angelegenheit Frau Barbara – Herr Walter
diskutiert.

Gestohlene Bücher

Im Werbefernsehen protzt zur Zeit
Neckermann mit dem fiktiven Diebstahl
seiner Kataloge. Man könne einen neuen
Katalog unter der Nummer usw.
Dies sei, so der Leser Peter T., eine unnoble
Werbung.

Ich habe dergleichen am eigenen Leibe
erfahren, liebe Leute. Eines der Fundamente
in meinem schriftstellerischen Leben ist die
Ehrlichkeit.
Weniges habe ich so sehr im Sinn, als den
Leser zu drängen, nicht zu lügen und nicht zu
stehlen.
Und doch, liebe Leute! Als ich vor einigen
Jahren jenen Stand der Buchausstellung
aufsuchte, wo auch meine Bücher lagen, sagte
der Mann, der dieselben zu verwalten und zu
bewachen hatte: „Gestern hat man uns zwei
Ihrer Bücher gestohlen!"
Ich erschrak und war empört darüber, dass
ein Mensch, der ja mit dem Inhalt dieser
Werkchen verbunden sein musste, stahl.

Aber ich erzählte später den Vorfall
verdächtig oft herum.
Offenbar wird man bei einem solchen
Verbrechen von einem heimlichen Stolz
darüber erfüllt, dass der Unhold ausgerechnet
diese Bücher gemaust und die anderen liegen
gelassen hatte.

Der Herr hat auf dem Berge Sinai zwischen
die Gebote „Du sollst nicht die Ehe brechen!"
und „Du sollst nicht falsch gegen deinen
Nächsten aussagen!", also zwischen zwei sehr
wichtige Gebote, „Du sollst nicht stehlen!"
gesetzt.
Neckermann und ich aber protzen eitel
damit, dass uns gestohlen wurde. Menschlich
verständlich, aber im Himmel reihen sie diese
Haltung in die Kolonne „Schweinerei".

Requiescat

Siegt man beim „Willkommen-Österreich"-
Spiel, darf man Zahlenfelder nennen, hinter
denen sich Preise verbergen.
„Die Nr. 8", sagte letztens Herr Stefan, und
der Überglückliche gewann Matratzen. Die
vom Leser wie auch von Ihrem Tmx sehr
geschätzte Moderatorin Rupp rief, Herrn
Stefan gratulierend:
„Ruhen Sie sanft."

Liebe Leute, das war eine Einladung
zum Hinüberschlafen, wie sie für gewöhnlich
in der Matratzen-Werbung nicht
vorkommt.
Derlei steht weniger auf Prospekten als auf
Grabsteinen.
Lediglich dass Frau Rupp Herrn Stefan nicht
geduzt hat, nahm dem Satz die letzte
Melancholie des Adieu.
Mit Toten und Himmlischen sind wir ja nicht
per Sie. „Gegrüßet seien Sie Maria, der Herr
ist mit Ihnen" hat etwas ähnlich
Befremdliches wie „Ruhen Sie sanft".

Man wird wegen des Vorfalls Frau Rupp
weder rügen noch verspotten.

Worte, so pflegt man den Moderatoren am
Beginn ihrer Tätigkeit einzubläuen, seien wie
Zahnpasta – einmal heraußen, bringt man sie
nicht mehr in die Tube zurück.

Der Leser aber wage das Experiment: eine
Korrektur vorzunehmen, wenn „Ruhen Sie
sanft" einmal heraußen ist.

Schweißgebadet wird er herumstottern, die
Lage wird von Wort zu Wort immer
peinlicher, und er erkennt mit einem Male,
nicht nur welche Leute, sondern auch welche
Hunde in einer Moderation begraben sein
können.

DOCHT

Ich hatte den Kaplan August Paterno
erwähnt und hinzugefügt, dass man in den
Gesichtern seiner Zuhörer meist eine
gottgefällige Heiterkeit ablesen kann.
Da hat mancher Leser zugestimmt.
Von ihm, hieß es, kann man lernen, nur die
wenigen wichtigen Dinge, die es gibt, ernst zu
nehmen.

Es ist in ihm und um ihn herum schon viel
gelacht worden.
Er spielt sogar selber in Anekdoten die
Hauptrolle, und eine davon sei hier
wiedergegeben.
Es steht in Gerhard Vogls Anekdotenbüchlein
„Ich bin im Bild". Titel: „Die Kerze."
Im ORF wurde Weihnachten gefeiert.
August Paterno verschenkt sich als Präsent –
in Form einer Kerze, die ihn darstellen sollte.
Ein Exemplar verehrt er auch dem damaligen
Generalintendanten Teddy Podgorski.
Der nimmt den Wachsklumpen stumm in
Empfang.

Nach einiger Zeit wird August Paterno
unsicher.
„Gefällt dir mein Geschenk?"
„Ja."
„Und hast du mich erkannt?"
„Ja."
„Woran?"
„Am Docht."

Ihr Tmx hat darüber schon oft gelacht.
Ich merke mir dergleichen kaum eine Woche,
und wenn ich es nach Monaten wieder lese,
weil dafür die Zeit gekommen ist, ist es frisch
wie am ersten Tag.

Karlskirche

In der „ZiB 2" wurde davon berichtet, dass
man künftig in der Karlskirche Entree zahlen
muss. Aber nicht jeder. Nur die Betrachter.
Eine Person an der Kassa entscheidet, ob
jemand offensichtlich zum Beten oder
offensichtlich zum Betrachten der Kunstwerke
kommt.
Da vermutete die Moderatorin Thurnher das
Auftauchen von Heuchlern.
Auch Ihr Tmx selber sieht im Geiste den
einen oder anderen, die Augen zum Himmel
verdrehend, mit einem geflüsterten „Gelobt
sei Jesus Christus!" an der Kassa
vorbeischleichen.
Und wie er dann auf verbotene Weise, statt
die Gebetsschnur zu ziehen, vielleicht in der
Ovalkapelle das Bild „Hl. Lukas, die
Gottesmutter malend" von Jakob van
Schuppen betrachtet.
Zu solchen Missbräuchen wird es kommen.

Eine Erfahrung ähnlicher Art wurde uns einst
aus dem Lande der Apartheid erzählt.

Dort war in einer Kirche Schwarzen der
Zutritt verboten.

Eines Tages stand aber doch mitten im Schiff
ein Neger, sogleich stieß sich ein Weißer
daran und frug:

„Was suchst du hier? Ist dir denn erlaubt,
hier zu sein? Wie?"

Da sagte der arme schwarze Mann: „Ich
gehöre zur Putztruppe und hole gerade den
Besen."

„Na gut", sagte der Weiße. „Aber wehe,
wenn ich dich beim Beten erwische!"

Ihr Tmx ist in der Entree-Frage der
Karlskirche nicht zuständig. Ich weiß nur,
dass mir das Anschauen frommer Bilder
immer eine Form des Gebetes war.

KAMMERSÄNGER

In „Einfach klassisch" hat der Kammersänger
Rydl über die berufliche Lage von
seinesgleichen erzählt.
Die wirklich gut verdienenden Opernsänger,
sagt er, seien eine verschwindend kleine
Schicht.
„Geld wird heute mit Pop verdient."

Das hat Ihren Tmx traurig gestimmt, weil er
ja die Oper für kostbarer hält als den Pop.
Auch sind die Popleute nicht so lustig
anzusehen wie das Bild, das ich von den
großen Kammersängern habe.
Die großen alten Kammersänger, die
Mi-mi-mi-Rufer, waren eine Mischung aus
Charisma, natürlicher Arroganz, ängstlicher
Hypochondrie und pausenlosem Kuss von
oben.
Aus ihren Augen leuchtete die Nachricht,
dass ihre Truhen mit Gold und Edelstein
gefüllt sind.
Vor solch sozialer Ungerechtigkeit hat man
erfahrungsgemäß großen Respekt.

Der Ruf höchster Bezahlung begleitete die
großen alten Kammersänger und fand in
vielen Details seinen Ausdruck.
Caruso kam während einer Vorstellung unter
den einstürzenden Kulissen zu liegen.
Der Vorhang fiel, die Retter rannten herbei –
und fanden ihn fast unverletzt.
Eine Viertelstunde später konnte die
Vorstellung wieder aufgenommen werden.
„Wenn er invalid gewesen wäre", sagte später
der Portier zum Intendanten Baron Speidel,
„hättn man derschlagen müssen.
A lebenslängliche Pension für den kennten
mir uns net leisten!"
Das zeigt in hohem Maße den Respekt vor
dem Wert eines großen alten Kammersängers.

SCHWEINCHEN

Letztens gelang es mit einiger Mühe, den
Spitzen der „Seitenblicke"-Gesellschaft
herauszulocken, wie sie daheim per
Kosenamen gerufen werden:
Frau Lugner ruft Herrn Lugner „Lumpi",
Herr Lugner ruft Frau Lugner „Mausi",
Frau Schiller ruft Herrn Schiller „Schweindi",
und Herr Schiller ruft Frau Schiller auch
„Schweindi", also Porcelline, wie es
in Italien hieße.

Der Leser mag fragen: Hätte denn ein solcher
Name etwas mit der Wirklichkeit zu tun?
Schweindi?
Ja, nach allem, was ich beobachte,
durchaus.

Diese „Seitenblicke"-Gesellschaft scheint ein
verschworenes Grüppchen zu sein.
Alle arbeiten fleißig am Tage und finden sich
abends dort ein, wo der Edelmann Karl
Hohenlohe mit aristokratischer Ironie die
„Seitenblicke" gestaltet.

Der eigentliche Ort ihrer Lebensführung ist
der Freundeskreis, die kleine Gemeinschaft.
Ihr Stil ist auf Wohlbehagen angelegt, sie
leben aber eher nicht in Saus und Braus.
Das ist bei all ihrer Begierde, sich öffentlich
in den Teller, ins Glas und in den Ausschnitt
schauen zu lassen, doch eine griechische
Haltung.
Und da trifft es sich eben, dass man die
Mitglieder solcher Grüppchen landläufig
Schweinchen aus der Herde Epikurs nennt.
Sie könnten alle Schweindi zueinander sagen,
ob sie jetzt adelig sind oder sine nobilitate.

ESPERANTO

Ob, hatte ich gefragt, Esperanto auch in der
Pikanterie angewendet werden kann?
Esperanto ist gewiss nützlich, doch taugt es
auch zur Poesie, zur Leidenschaft, zum
Flüstern und zum Aufschrei?
Eine intime Frage an diese Sprache.
Der Leser Prof. Hans Michael M. erzählte
mir dazu einen entzückenden Vorfall.

Der Schriftsteller und Kulturphilosoph
Prof. Umberto Eco hielt vor einigen Jahren an
einer Pariser Universität eine Vorlesung, in
der er die Existenzwürdigkeit des Esperanto
diskutierte.
Und er stellte die rhetorische Frage: „Hat
denn jemand je dieses Idiom beim faire
l'amour benützt?"
Trotz seiner Erwartung eines
beifälligen Schweigens meldete sich fast
schüchtern die Stimme einer Studentin im
Auditorium:
„Aber ja, ich selbst, mais oui, moi même,
Monsieur le professeur!"

Die Legende besagt, dass nach dieser
Vorlesung sich die Haltung Umberto Ecos
gegenüber Esperanto um 180 Grad geändert
habe.

Liebe Leute, man hätte die Studentin im Bett
aus sprachlichen Gründen gern gehört.
Der Leser mag sich stattdessen damit
begnügen, wie das Heidenröslein klingt, der
Leser Mag. Walter K. hat es mir gesandt:
„Knab' rozeton vidis li,
Rozon en herbejo.
Estis juna, bela ĝi,
Por ĝin vidi kuris li,
Vidis kun ĝojego.
Roz', rozeto, ruga roz',
Rozo en herbejo."
Wir wissen nicht, ob es Schubert vertont
hätte, vielleicht ja, vielleicht nein.

Geliebteprüfen

„Wie", frug mich letztens eine Dame, „wie
hieß gleich wieder die Frau, von
der sich Klausjürgen Wussow eben
getrennt hat?"
„???"
„Was, das wissen Sie nicht?"

Liebe Leute, mir ist das völlig egal, wie die
Damen heißen, die Herr Wussow an sich
band oder von sich stieß: ungefähr so egal,
wie es ihn interessieren wird, was ich
diesbezüglich unternehme.
Aber diese ungezogenen Fragen wurzeln alle
im schulischen Bereiche.
Dort haust diese Neugier.
Dort stifteten sie uns an.
Seit je ist das Geliebteprüfen Pädagogenart.
Der Göttervater Zeus hatte sein Schwert in
viele Köcher gesteckt, und wir mussten sie
hersagen: Dione, Themis, Eurynome,
Mnemosyne etc.
Ähnlich der Dichtervater Goethe: Friederike,
Lili, Ulrike, Frau von Stein etc.

Die beiden Edelfedern Friedell und Polgar
schrieben eine Groteske, in welcher Goethe
inkognito von einem Professorenkollegium
über Goethe geprüft wird.
Eine Frage gilt den Weibspersonen:
Professor: „Wissen Sie wenigstens, warum er
die Beziehung zu Friederike abbrach?"
Goethe (zornig): „Ja, das weiß ich schon,
aber das geht niemanden was an!"
Professor: „Was behaupten Sie? Goethes
Beziehung zur Blume von Sesenheim,
1770–72, ginge die Wissenschaft nichts an!"
Goethe: „Noi, das geht niemande was an."

Richtig. Geht niemand was an.
Zeus, Goethe, Wussow – ein absteigender
Ast, aber doch das gleiche Holz.

FREMDWÖRTER

„Ich bin eine Feindin des Fremdwortes",
schreibt die Leserin Dr. Angela P., „aber wenn
man es schon gebraucht, dann wenigstens
richtig! Ich denke an ‚Virus', das in Radio,
Fernsehen, doch auch in Zeitungen immer
häufiger ‚der' Virus statt ‚das' Virus genannt
wird."

Auch Ihr Tmx selbst gilt als großer Gegner
des Fremdworts. Freilich dürfen wir die
Sprachreinigung nicht übertreiben, sonst
versinken wir in Lächerlichkeit.
Es gibt ja Leute, die, wie Tucholsky
gelegentlich sagte, an der Sprache so lange
herumreinigen, bis keine Flecken mehr,
sondern bloß noch Löcher sind.

Virus ist ein Fachwort geworden, das wir
nicht verdeutschen können.
Im alten Rom bedeutete virus: Gift, Schleim.
Heute etwas anderes.
Im alten Rom war es auch sächlich, ein
Neutrum.

Wenn aber der nicht in Latein geübte Mensch ein Wort auf -us hört, pfeift er sich nicht um Ausnahmen. Was auf -us endet, ist ihm männlich.

Viele so genannte Gebildete sind darüber empört.
Die Wörterbuch-Autoren freilich nicht.
Sie schauen dem Volk aufs Maul und haben längst „der" Virus akzeptiert.
Schließlich entblöden sich die Gebildeten ja auch nicht – entgegen ihrer Regel, dass man das Geschlecht vom Lateinischen beibehalten muss –, „der" Humus zu sagen, obwohl humus, humi, wie sie vielleicht nicht mehr wissen, ein Femininum ist.

WITZE

Letztens veranstaltete der berühmte
Filmpionier Carl Spiehs im Casino Velden ein
großes Witzereißen. Dergleichen führt bei den
„Seitenblicken" meist zu einem mageren
Ergebnis. Die im Saale so köstlichen, viel
belachten Pointen hören sich am Schirm meist
erbärmlich an.
Sie verlieren auf dem Weg von der Bühne bis
zu uns nach Hause das Feuer, sie sind ohne
soziale Anklage, ohne Moral, und sie
mobilisieren keine schöpferischen Kräfte.

Da hatte der „Seitenblicke"-Redakteur eine
geniale Idee. Er brachte in seinem Bericht nur
den Anfang oder den Schluss einiger Witze.
So konnte niemand über die Qualität bestürzt
sein. Die Dürftigkeit ahnte man bestenfalls,
zu belegen war sie nicht.

Das wirklich Bestechende an der
„Seitenblicke"-Idee war aber: dass sich der
Zuseher angehalten fühlte, aus den
Bruchstücken selber ein Ganzes zu machen.

So wie die Archäologen, wenn sie einen
Henkel finden, eine ganze Schale
rekonstruieren können, konnte man hier
durch Ergänzen einen ganzen Witz erschaffen.
Der Starregisseur Retzer etwa war mit
folgendem Bruchstück zu hören:
„Sitzt a Herr im Kino, schon finster, schaut
ein anderer Herr neben ihm so auf ihn hin –
hat der an Hund auf der Schoß!"
Das war alles.
Ich selber habe daraus inzwischen fünf Witze
angefertigt, zwei davon würde ich nicht für
alles Geld der Welt erzählen.
Wenngleich: Der Leser möchte sich zerkugeln,
wirklich wahr!

Gabriel

Letztens sagte der beliebte Künstler Gabriel
Barylli zu Rose Kern:
„Wenn man Gabriel getauft ist, ist man
ununterbrochen angehalten, allen zu sagen:
‚Fürchtet euch nicht!'"
Wozu „Fürchtet euch nicht!" gut sei, wurde
ich gefragt. Da gibt es verschiedene
Anwendungsmöglichkeiten, ein Beispiel
daraus soll der Leser erfahren.

Als vor vielen Jahren Rudolf Kirchschläger
auf Wahlreise durchs Land zog, stand in
jedem Dörfchen eine kleine Jungfrau zum
Willkommensgruß bereit.
Und sagte das vom örtlichen Dorfdichter
verfasste Begrüßungsgedicht auf.
Etwa in der Mitte des Gedichts blieben die
Kinder mit seltsamer Regelmäßigkeit stecken,
wussten nicht weiter und begannen zu weinen.
Das ist keine Schande, ähnlich passierte es
O. W. Fischer in Hollywood oder
Raoul Aslan im Burgtheater, freilich ohne
dass sie weinten.

Da nun setzte, wie mir Augenzeugen
berichteten, der gütige Kirchschläger, der
spätere Engel Österreichs, mit dem biblischen
„Ne timeas!" ein, legte dem Mädchen die
Hand auf die Schulter und presste in der
bekannten Kirchschlägerischen Redeweise bei
geschlossenen Zähnen hervor:
„Fürchte dich nicht, mein Kind!"
Durch diesen himmlischen Trost genasen die
Jungfrauen sogleich von ihrer Amnesie,
setzten das Gedichtlein fort und brachten es
zum glücklichen Ende.
Dies also ist ein schönes Zeugnis der Kraft
des „Fürchtet euch nicht!".

CHRISTKIND

Im Fernsehen wurde uns vom 3. Geheimnis
jener drei Hirtenkinder erzählt, die 1917 in
Fatima Unsere Liebe Frau gesehen hatten.
Nun fragte die Leserin Dr. Evelyn H., ob
nicht viele Menschen solche Wunder erlebten,
ohne dass die Welt davon erfuhr.
Und ob nicht Ihrem Tmx vielleicht selber
schon ein Himmlischer erschienen sei.

Ja, liebe Leute, mit 5 Jahren war ich
auserwählt, das Christkind zu sehen. Ich zog
den 24. Dezember durch das abendliche
Dörfchen Gösing am Wagram.
Da schaute plötzlich meine gute Mutter zum
Himmel und sagte: „Mir scheint, da ist jetzt
das Christkindl geflogen!" Ich folgte ihrem
Blick: Da! Das weiße Kind! Es sah nicht wie
Klein Jesus aus, sondern wie ein Fräulein,
blinzelte mir zu und verschwand hinter
einem Dach.

Wieder daheim, sprachen wir vom Wunder.
Uns glänzten die Augen, mein Vater aber sagte:

Das bleibt unter uns, darüber halten wir das
Maul. Er war immer gegen Wirbel.

Hätten sie mein Abenteuer wie in Fatima
religiös aufgeblasen, wäre wohl die ganze
Wallfahrts-Maschinerie angelaufen.

Statt des Kirchleins hätten sie dort heute eine
Kathedrale, und der Litaneien wäre kein
Ende.

So aber liegt das Dörfchen noch immer still
da, und Gott hat es lieb.

Abends bellen die Hunde, diese, wie gesagt
wird, Nachtigallen der Dörfer, und es klingt
ein wenig gregorianisch.

Es gibt ja dort niemanden, der Gott nicht
lobt, außer ein paar Fliegen, aber selbst bei
denen bin ich mir nicht sicher.

RÖHREN

Ihr Tmx pflegt sich von Zeit zu Zeit als
Anhänger des Schmunzelns vorzustellen.
Stilles Lächeln ist sein Behagen.
„Lachen Sie nie schallend?", frug nun die
Leserin Dr. Hilde Z.
Doch. Und wer wissen will, worüber – ich
bin um ein Beispiel nicht verlegen.

Letztens trat der Zeichner Tex Rubinowitz in
„Leporello" auf und sprach:
„Ich finde eine Röhre extrem amüsant. Es ist
schon eine komische Form eigentlich!"
Na gut, dachte ich.
Röhren. Komisch. Na gut.
Am nächsten Morgen ging ich durch die
Wiener Wollzeile, studierte Herrn Hasbachs
Antiquariatsauslage.
Und was liegt dort als schmales
Bändchen?
„Die Röhre und ihre Anwendung" von
Hellmuth C. Riepka, Berlin 1926.
Ich dies sehen und anfallsartig aus vollem
Halse zu lachen, war eins.

Die Vorbeikommenden sahen mich
erschrocken an, einer tippte mit dem
Zeigefinger an seine Schläfe.
In mir aber tobte die komische Welt der
Röhren. Diese Form, der man gewöhnlich die
größte Sinnlichkeit zumisst, plötzlich als
burlesker Zufall!
1000 Clowns hätten mich nicht so schreiend
heiter gemacht wie die von Rubinowitz mit
komischen Dämonen besetzten Röhren.

Weiterschlendernd, wurde ich wieder traurig.
Hellmuth C. Riepka, dachte ich, dieses arme
Schwein, hatte sich sein Leben lang mit
Röhren befasst und vielleicht kein einziges
Mal über sie gelacht.
So geht's uns ja mit vielerlei.

OPERNKARTEN

Es gebe, sagte letztens Peter Dusek vom Club
der Opernfreunde in den „Seitenblicken",
einen banalen Grund, warum die jungen Leut
heute weniger in die Oper gehen als früher:
Man mache es ihnen zu leicht.
Sie kriegen, sagt er, für nicht ausverkaufte
Vorstellungen Karten fast gratis. „Wir haben
uns angestellt eine ganze Nacht für eine
Karajan-Vorstellung – und wurden süchtig!"
Ja, liebe Leute, es ist ein fataler Umstand:
Sobald einem etwas bequem gemacht wird,
nimmt der Reiz ab.

Ich selber wuchs ohne Oper im kleinen
Dörfchen auf. Es hatte nur ein wackeliges
Kino auf einer Wiese stehen.
Die Filme waren fast immer Jugendverbot.
So bohrten wir Löcher durch die dünne
Holzwand und sahen mit einem Auge die
Stücke in dieser unbequemen Haltung, immer
gefährdet, von einem Vorbeikommenden ein
so genanntes Knödel, d. i. ein Knie, in den
Hintern gestoßen zu bekommen.

Wir sahen jeden Film.
Heute, wo sie einen ins Kino bitten, ja die
Filme sogar in die Wohnung senden,
interessiert mich der Schwachsinn nimmer.

Mir ging es also eine gute Stufe tiefer so, wie
es Herr Dusek mit der Oper beschrieb.
Komfortable Bequemlichkeit tötet so viel.
Daher lesen wir bei Diogenes Laertius:
„Einer pries den Luxus. Da sagte Antisthenes
zu ihm: ‚Mögen die Kinder unserer Feinde im
Luxus leben!‘“
Der Leser wird nun diese Stelle besser
verstehen.

TRAURIGE KOMIKER

Als man letztens den Jubilar Otto Schenk in
„Treffpunkt Kultur" interviewte, sagte er,
dass die Traurigkeit zur Heiterkeit gehöre.
„Es ist Vermessenheit, wenn man im Leben
nicht traurig ist. Da wäre man ja ein Idiot."

Nach dieser einfachen Wahrheit kann man
die gesamte so genannte Unterhaltung
bewerten. Findet man in einem Programm
nur die Lustigkeit, ist es unter der Gürtellinie.
„Unter der Gürtellinie" bedeutet für Ihren
Tmx nicht so sehr die Einbeziehung der
Hochzeitswerkzeuge in den Vortrag, sondern:
die Schenkel als Gegenstand des Klopfens –
die von rosshaftem Wiehern begleitete
Reaktion auf einen lustigen Witz nach dem
andern, ohne Tragik, ohne Ernst, ohne
Anklage.

Billy Wilder, damals noch ein junger
Reporter, erwähnte am 2. Nov. 1927 im
„Berliner Börsen Courier" Beispiele solchen
Zusammentreffens:

Von Mark Twain, schrieb er, erzählt man
sich, dass er, indes er im Bette seine Schwänke
komponierte, immerzu weinte.
Saphir fielen die besten Pointen während
seiner Spaziergänge auf einem Wiener
Friedhof ein.
Und die großen Komiker, können wir
hinzufügen, sind der Welt nicht als
Stimmungskanonen im privaten Kreise
bekannt, sondern als mürrische, geizige, die
pessimistischen Philosophen lesende,
hypochondrische, sich den ganzen Tag vor
dem Tod fürchtende Personen.
Hütet euch, wenn ihr den Humor ernst
nehmt, vor den Lustigen, liebe Leute.

EULEN

Letztens bezauberte uns im Fernsehen
mehrfach die von Ihrem Tmx sehr geschätzte
Sängerin Nana Mouskouri.
Sie ist berühmt für ihren Schlager
„Weiße Rosen aus Athen sagen dir: Komm
recht bald wieder!"
Seit Jahrzehnten ruft das Publikum, wo
immer sie auftritt, sogleich: „Weiße Rosen
aus Athen sagen dir: Komm recht bald
wieder!"

Frau Mouskouri lächelt dann in ihrer leicht
kühlen Art.
Blickt verträumt durch die berühmteste Brille
der Schlagerwelt.
Dann beginnt sie zum abertausendsten Male:
„Weiße Rosen aus Athen sagen dir: Komm
recht bald wieder!"
Sie ist eine professionelle Künstlerin, denn sie
singt es, als singe sie es zum allererten Male.
So unterscheidet sie sich von den Dilettanten,
beispielsweise von Ihrem Tmx, der schon
nach knapp einem Dutzend Mal „Weiße

Rosen aus Athen sagen dir: Komm recht bald
wieder!" zum Vorschlaghammer griffe und in
blinder Raserei die Welt um ihn kurz und
klein schlüge.

Ich bewundere die künstlerische Geduld
dieser Frau umso mehr, als man in Athen
bekanntlich bald etwas zu viel findet.
Daher ersannen sie dort auch den Spruch,
dass man die Weisheit in Gestalt weiterer
Eulen nicht nach Athen tragen darf, weil sie
in der Stadt der Philosophen ohnehin schon
genug davon hatten.
Das ist es, was ich an dieser Frau so
bewundere.
Nicht so sehr das Lied selbst.

NIEMAND GERINGERER

Beethovens besonders schön musiziertes
„Gratulationsmenuett" in Es-Dur sagte
letztens der Ö-eins-Moderator so an:
„Dirigent ist niemand Geringerer als
Herbert v. Karajan!"
Ach, ich hätte ihn umarmen können!
Liebe Leute, „Niemand Geringerer als" – das
ist der Gemeinplatz der guten alten Zeit, nach
welcher Ihr Tmx so verrückt ist.

Wie der Leser längst aus der Mappe meiner
Schriften ersah – manche schneiden ja
bevorzugte Kolumnen aus und kleben sie in
ein Album, andere kauften gebundene
Sammlungen meiner Miniaturen –, wie man
also aus alledem ersah, ist Ihr Tmx
Nostalgiker.
Nur mühsam verbirgt er seine Tränen, dass
nicht mehr 1950 ist.

Ich gehe durch die Stadt, und die alten
Häuser und die alten Fenster und die alten
Phrasen fallen heim in ihre Zeiten.

Damals sang niemand Geringerer als Maria
Callas, es spielte niemand Geringerer als
Gustav Gründgens, es wedelte niemand
Geringerer als Toni Sailer, es nähte niemand
Geringerer als Fred Adlmüller.
Ich habe mir den Hang dazu erhalten, noch
heute reihe ich auf Partys eine anmutige
Banalität an die andere, wie etwa diese:
Gesundheit, sage ich, ist ein unschätzbares
Gut, und das Schlittenfahren ist ein kaltes
Vergnügen, und jeder, sage ich, ist sich selbst
der Nächste, und was lange dauert, wird gut.
Wie? Phrasen versauen die Sprache?
Aber die alte Dampflok versaut ja auch die
Luft, und wir sehen sie so gerne fahren, das
ist doch kein Argument.

BUB/MÄDCHEN

In „Willkommen Österreich" wurde letztens
die alte Frage aufgeworfen, ob man bei der
Zeugung etwas – und wenn ja, was – tun
kann, damit es nach Belieben ein Bub oder
ein Mädchen wird. Gestresste Männer,
Kampfpiloten der US-Flugwaffe etwa, sagte
der In-vitro-Spezialist Dr. Wilfried Feichtinger,
zeugen eher Mädchen, während die Flieger
von gemütlichen Transportmaschinen eine
höhere Knaben-Quote haben.

Nicht alles war so wissenschaftlich.
Ein Anrufer erzählte, was ihm eine ländliche
Autorität geraten hatte:
„Lieber Franz, wannst an Buam wüllst, dann
muasst dabei die Schuach ausziagn!"
Die Moderatorin Reinisch lächelte an dieser
Stelle ein wenig indigniert und deutete an,
dass bei derlei die Schuhe auszuziehen in
ihren Kreisen eine Selbstverständlichkeit sei.

Viele Leute nehmen es gottergeben an, was
ihnen der Himmel zuteilt.

Auch sind die Kinder häufig ohnehin mit
ihrem Geschlecht nicht zufrieden und
versuchen, Korrekturen vorzunehmen.

Schon in den zwanziger Jahren stand im
„Simplicissimus", von einer Frau zur anderen
gesagt: „Ob Bub oder Mädel ist egal. Später
stellen sie sich ja doch um!"

Und das von mir so verehrte Münchner
Gespenst Karl Valentin hat in seinem
„Expressionistischen Gesang" eine Zeile
stehen, die ebenfalls darauf hindeutet:

„Mei Vater war a Weanerin", schrieb er.

Auch einfachen Gemütern wird die Genialität
dieses Satzes nun dämmern.

Nitschen

Als letztens der beliebte Pornojäger Humer
wegen Beschüttens eines obszönen Bildes mit
roter Farbe vor Gericht stand, sagte er ein
wenig bissig, er habe dasselbe „zugenitscht".
„Humer, dieser garstige Mensch", telefonierte
mir eine Dame, „der immer mit verdächtigem
Eifer im Sexualsumpf herumstreift, kann
nicht einmal Deutsch!"
„Zunitschen" stehe in keinem Wörterbuch.
Also gebe es „zunitschen" nicht, auch für
Herrn Humer nicht.

Liebe Leute, mit „zunitschen" haben wir ein
Zeitwort des Nachahmens vor uns, ein so
genanntes Verbum imitativum.
Es bedeutet: so zu tun wie Nitsch.
Verba imitativa sind alltäglich: Zu tun wie ein
Hecht, wie ein Büffel, wie eine Schlange, wie
ein Luchs, wie ein Wiesel nennen wir hechten,
büffeln, schlängeln usw. Während die Tier-
Nachahmungswörter im Lexikon festgehalten
sind, werden Menschen-Nachahmungswörter
meist privat für einen kleinen Kreis gebildet.

Sie stehen nicht im Lexikon – von wenigen
Ausnahmen wie bramarbasieren
(von Bramarbas) oder makadamisieren
(von J. L. McAdam) abgesehen.
Kritiker schreiben, in Engelbert
Humperdincks Werken, in „Hänsel und
Gretel" etwa, „wagnert" es – ohne dass
deshalb „wagnern" in den Duden gekommen
wäre.
Analog dazu müssen wir „nitschen" sehen.
Wie man ja auch sagen könnte, einer
„humert", der die fromme Technik anwendet,
sich heiße nackte Weiber anzuschauen in der
Hoffnung, dafür in den Himmel zu kommen.

Rex

In den „Seitenblicken" zählte der
„Kommissar-Rex"-Autor Peter Moser auf,
wo nun schon sein Opus gezeigt wird,
Argentinien, China, Russland, Persien etc.
„Darunter sind Länder, wo Hunde keinen
großen Stellenwert haben, und ich hoffe, dass
sich dort durch Rex vielleicht etwas ändern
könnte."

Ja, liebe Leute, anderswo ist man zu den
Hunden nicht so gut wie bei uns und nimmt
sie nicht als Kinder in die Familie auf.
Allerdings stand es auch in unserem eigenen
Land mit der Hundeliebe nicht immer zum
Besten. Wir haben darüber Zeugnisse in
Liedern und Versen:
Den Hund etwa, der in die Küche kam,
schlug der Koch wegen des Diebstahls eines
einzigen Eies entzwei. Und der bitterböse
Friedrich im „Struwwelpeter" schlich sich
sogar mit der Peitsch' zum Brunnen – und
verwamste dort einen großen Hund, der
Wasser trank mit seinem Mund.

Der arme Hund wehrte sich und biss
Friedrich in das Bein, ganz tief bis in das Blut
hinein.
Und der aufgeklärte Leser wird sogar wissen,
dass Goethe kein Hundefreund war und den
Teufel in Gestalt eines Pudels auftreten ließ.

Bisher glaubte man, „Kommissar Rex" sei
eine Raubersgeschichte in vielen Folgen, oder,
wie die Kinder sagen: ein blutiges Butterbrot
auf der Friedhofsmauer.
Nun hören wir, dass er auch als stille,
assisihafte Ermunterung gedacht ist.
Gott helfe ihm dabei.

DUTZENDE TOTE

In den ORF-Nachrichten hieß es: „Wieder
Bombenanschlag in Moskau. Bisher zwei
Dutzend Tote."
Es betrifft einen tragischen Fall, und man
könnte es pietätlos nennen, hier stilistische
Bedenken anzumelden.
Aber da es beim nächsten tragischen Fall
nicht anders sein würde, wollen wir mit der
gebotenen Zaghaftigkeit und Scheu doch ein
Wort darüber verlieren.

Die Frage ist nämlich, ob man Tote im
Dutzend zählen soll.
Das Dutzend ist zu sehr der Kaufmanns-
sprache, dem Geschäftsmäßigen zugeordnet.
Dutzend ist unter den Mengenangaben in der
Kategorie von „10 Deka" oder „ein Packel"
oder von dem Wort „zwo". Es ist Stil von
„... und liefern wir Ihnen".
Das Dutzend signalisiert Massenware, in ihm
ist es billiger, im Dutzend zählt man
Hosenknöpfe, Bleistifte, Schnäuztücher und
Hühnereier.

Tote nicht.
Man sagt auch nicht zwo Tote.

Es gibt Stilschichten, die man einhalten muss,
vermischen führt immer zur Verletzung.
Hier ist die Stilschicht der Totenzählung mit
der Stilschicht des Knöpfezählens
durcheinander gekommen.
Für dergleichen werden Beispiele angeführt,
die knapp daran vorbeigehen, eine
humoristische Note zu haben.
Vom historischen Roman etwa, wo man die
Stilschicht des regionalen Alltags mit der
Stilschicht der großen Geschichte mengt:
„‚Knorke‘, sagte Dschingis Khan.“
Daran soll man künftig denken.

BILOKATION

Und es gibt sie offenbar doch, die Bilokation!
Letztens hatte die von Ihrem Tmx sehr
geschätzte Salzburger Festspielpräsidentin
Rabl-Stadler im Fernsehen erzählt, sie könne
nicht jede Premiere besuchen: Sie habe
nämlich nicht die Fähigkeit der Bilokation.
„Bilokation?", frugen viele Zuschauer.
„Welches Phänomen sollte das sein?"
Ihr Tmx sprang damals helfend ein und
erklärte die Chose: Es ist die Fähigkeit,
gleichzeitig an zwei Orten zu sein.
Bilokation kommt sehr selten vor, der
Volksmund schließt sie sogar für den
gewöhnlichen Sterblichen mit den Worten
aus, man könne nicht mit einem Hintern
auf zwei Kirtagen sitzen. Nun liegt aber
in einem österreichischen Badeort Bilokation
in der Luft.

Wie ein Reporter in „Willkommen
Österreich" berichtete, haben in Bad
Gleichenberg Einbrecher „an vier Stellen
gleichzeitig" eingebrochen.

Die Kriminalisten, fügte er hinzu, stellen sich
nun die Frage: „War es ein Täter oder
mehrere …?"

Sollte es tatsächlich einer gewesen sein, der
an vier Stellen gleichzeitig einbrach, so wäre
er, wie Kabarettisten sagen würden, nach
Verbüßung der Strafe, psychologischer
Betreuung und Wiedereingliederung in die
Gesellschaft als Präsident in Salzburg
geeignet.
Er könnte auf seinen Unaussprechlichen, von
denen er viere haben muss, bequem in allen
gleichzeitig stattfindenden Premieren sitzen.

GOETHE

„Warum", frug der Leser Dr. Karl K.,
„haben Sie uns nichts zu Goethe geschrieben,
wo er doch 250. Geburtstag hatte? Haben Sie
Rache genommen, dass er Wien nie besuchte
und zwei der größten Wiener nicht schicklich
genug behandelte?"

Es ist wahr, dass Goethe Wien nie betrat.
Schubert hat ihm 1825 drei Lieder übersandt
(„An Schwager Kronos", „An Mignon" und
„Ganymed") und wurde nicht beachtet.
Grillparzer, immerhin 35 Jahre und berühmt,
wurde 1826 von Goethe steif „wie von einem
Audienz gebenden Monarchen" empfangen.
„Wenn er mir Grobheiten gesagt und mich
zur Tür hinausgeworfen hätte, wäre es mir
lieber gewesen", meinte Grillparzer später.

Ihr Tmx selber aber hat, darauf bin ich stolz,
per Stafette Goethes sanften Blick
aufgefangen. Goethes Beziehung zu Ulrike v.
Levetzow wird dem Leser bekannt sein. Sie
begann 1821, Ulrike war 17, Goethe 72.

Diese Ulrike – sie starb erst 1899 – lebte zu
einer Zeit in Karlsbad, da meine gute
Großmutter im dortigen Roten Ochsen
kochen lernte. Da sah sie öfter die betagte
Frau v. Levetzow.
Liebe Leute, wir müssen also sagen: Goethe
hatte Frau v. Levetzow sanft angeblickt,
Frau v. Levetzow hatte meine Großmutter
angeblickt, meine Großmutter hat mich
angeblickt.
Der Leser kann bei solcher Weitergabe nicht
ernstlich annehmen, dass ich Goethen gram
bin oder war: als einer, der sein scharfes und
wärmendes Auge empfing.

POINTEN

In der Sendung „Ein verrücktes Paar" sagte
Grit Böttcher: „Er hat meinen Schuh kaputt
gemacht. Mit seinem Kopf. Er musste genäht
werden!"
„O je", sagte Juhnke, „der arme Kerl!"
„Nein", sagte Grit Böttcher, „ich sprech doch
vom Schuh!"
Darüber lachten wir uns einen Ast, das ist
kein Wunder, denn der Witz folgte dem alten
Überraschungs-Muster.

Als Ihr Tmx einst die skandinavischen
Länder bereiste, wanderte er auch durch
Finnland und stieß dabei nicht nur auf
allerhand Einsamkeit und Melancholie,
sondern auch auf spärliche Beweise der
Geselligkeit, darunter auf finnische Witze.
Einer davon betraf den damaligen
Staatspräsidenten K., einen großen,
kahlköpfigen, beim Volke sehr beliebten
Menschen.
Dieser sei, so erzählte man mir am Lagerfeuer,
mit seinem riesigen Hund spazieren gegangen.

Da trat ein Mann auf sie zu und sagte:
„Ist das ein Affe?" „Nein", lächelte
Staatspräsident K. „Ich rede nicht mit Ihnen,
sondern mit dem Hund", sagte der Mann.

Obwohl die eine Pointe von einem Kopf und
einem Schuh und die andere von einem
Staatspräsidenten und einem Hund handelte,
ist dies in der Struktur der gleiche Witz.
Zunächst wird man auf eine falsche Fährte
gelockt. Dann kommt die Überraschung, und
sie erzeugt Heiterkeit.
Das Unerwartete ist einer der wichtigsten
Effekte in der Kunst, darüber erschaudert
man und lacht. Über das Erwartete dagegen
erschaudert man nicht, und es lacht kein
Schwein.

SEX IN DER KÜCHE

Letztens wurden in „Willkommen
Österreich" die Beischlafgewohnheiten der
Deutschen und Österreicher analysiert.
Einer der Orte, hieß es, wo erotische Begierde
sich austobt: die Küche.

Jahrzehntelang ist die Küche als Demütigung
der Frau denunziert worden.
Zwiebelschneiden, Spargelputzen,
Gurkerlfächern – und erst gar das
Abwaschen!
Wahr ist aber, dass der Mensch, wenn er
liebend gern am Herd steht, zu großer Blüte
gelangen kann, ja mit Dichtern verglichen
wird.
Nie noch in der Menschheitsgeschichte
boomten die Kochbücher wie heute, nie
waren sie so prachtvoll.
Und das Abwaschen gehört überhaupt zu den
wunderbaren, seltenen Stunden der
Meditation.
Alle Milliardäre waren zunächst
Tellerwäscher:

Stumm dahinreibend und spülend und sich dabei ins Fäustchen lächelnd, haben sie sich die Strategien ausgedacht, mit denen sie die Welt erobern.
Und jetzt das noch!

Die beliebte Demoskopin Helene Karmasin sagte vom Sex in der Küche:
„Der Küchentisch hat ja so was von ‚Jetzt packt's mich! Jetzt ergreif ich dich am Küchentisch!'"
Das habe, fügte sie hinzu, dieses Entgrenzte und Entfesselte.
Mir scheint, liebe Leute, die Küche ist dem Himmel näher als jener Hölle, als die man sie im ideologischen Kampfe hinzustellen sucht.

TANZGRUPPE

Letztens gastierte eine berühmte Tanzgruppe
in St. Pölten. Nach der Vorstellung befrug
man das Publikum, und der Uhrmacher-
meister Johann E. schilderte seine
Beobachtung so:
„Den Oberkörper halten s' ganz ruhig, dafür
sind s' mit die Füaß schneller!"
Es ist nämlich Mode, dass sich Tänzer oben
gerade halten und unten haxeln wie die
Teufel.

Mir hat es immer gut gefallen, wenn ein
Mensch oben ganz anders war als unten oder
innen ganz anders als außen.
Der dieser Tage verstorbene Schweizer
Dirigent und Mäzen Paul Sacher erzählte, er
habe es sich schon im Jünglingsalter
geschworen, niemand solle ihm äußerlich
ansehen, wie es in seinem Herzen zugehe, ob
er guter oder schlechter Laune sei.
So wie die Tänzer den Oberkörper,
hielt er stets seine Miene ruhig, wenn es
innen tobte.

Von Talleyrand wird sogar gesagt: Wenn ihn jemand in den Hintern trat, konnte man das an seinem Gesicht nicht ablesen.

Das war natürlich eine Hypothese.

Ich glaube nicht, dass man Talleyrand, wenn überhaupt, öfter als zwei- bis dreimal in seinem Leben in den Hintern trat.

Und es wäre überdies ein großer Zufall, wenn gerade dann ein Mensch mit feiner Beobachtungsgabe vor ihm gestanden und seine Physiognomie studiert hätte.

Sei's wie immer! Oben ruhig und unten schnell, innen bewegt und außen steinern – es ist immer ein Sinnbild der Selbstbeherrschung, die wir oft und oft und nicht nur beim Pokern gebrauchen können.

DER BÄNDIGER

Der Zirkus Knie ist im Land, ich kenne ihn
lange, hörte schon von ihm, da waren die
heutigen Direktoren noch Knaben oder, wie
in Zürich gesagt wird, „die hütige Here
Diräktoore Kny sind doo no chlyni Buebe
gsy".
Und wenn der Zirkus kam, riefen die Kinder
„De Kny chunt, de Kny chunt!"

Dieser Knie also hat auch einen
Löwenbändiger, Herrn Dieck, und dieser
stand dem „‚In'-Wien"-Moderator Dominic
Heinzl Rede und Antwort.
„Unsereiner", frug Heinzl, „hat schon seine
Schwierigkeiten mit der kleinen Hauskatze –
wenn man sie ruft, kommt sie nicht. Könnten
Sie auch Hauskatzen erziehen?"
Ja", sagte Tom Dieck, „auf jeden Fall. In drei
bis vier Tagen hört sie aufs Wort."

Ist dies nicht entsetzlich?, wird der Leser
fragen.
Wohl nicht, liebe Leute.

Ihr Tmx glaubt an das Gute in der Wandlung
durch Erziehung.

Edita Gruberova ist auch nicht als Sängerin
geboren. Was hat sie nicht die Tonleiter auf
und ab singen müssen, bis sie so unnatürlich
wurde!

Bis sie die wunderbarsten Arien, z. B. die
Wahnsinnsarie, so trefflich singen konnte,
dass die Zuhörer wieder an das Göttliche zu
glauben begannen.

Als Spatz geboren, durch üben und wieder
üben eine Nachtigall geworden.

Herrliche Gruberova! Herrliche, folgsame
Katze, von Tom Dieck zum Hund gemacht!

Ich sehe dergleichen gerne, mir ist auch ein
Affe als Admiral in St. Pauli ein Freundchen.

ZEITUNG

In „Künstlerleben" strafte der beliebte
Komiker Pichowetz die Zeitungen ein wenig
mit seiner Verachtung.
„Es ist eh ein furchtbares Dasein – am
nächsten Tag wickelt irgendeiner einen toten
Fisch in so eine Zeitung.
Oder einen Salat."

Ja, liebe Leute, oft kann der Zeitungsmann
selber nicht recht glücklich sein über das, was
mit seinen Werkchen geschieht.
Wie oft sah ich nicht meine Kolumne
regengetränkt auf der Straße liegen, mein
klein Bildchen zertreten und arm, so arm,
dass ich mir selber leid tat, was ganz gewiss
nicht alle Tage vorkommt.
Andrerseits bringe ich meiner alte Bäuerin,
die noch einen Herd in ihrer Küche stehen
hat, Stöße von Zeitungen zum Unterzünden.
Und das, obwohl ich bis heute nicht begriffen
habe, wieso es eine so große Sünde ist, ein
Buch zu verbrennen, und keine Sünde, eine
Zeitung zu verbrennen.

Denn das, was in einer Zeitung steht, ist oft
tausendmal gescheiter, schärfer gedacht,
fröhlicher formuliert und an edler Gesinnung
nicht überbietbar, während per Buch oft das
größte Geschwätz verbreitet wird, häufig bei
höchster Auflage.

Die Karriere einer gelesenen Zeitung ist nicht
ruhmglänzend, das ist wahr.
Doch muss man bedenken, dass der Herr
Pichowetz, wenn er selber einmal ausgelesen
ist, auch nur noch die Würmer erfreut.
Denn dergleichen ist nicht das traurige Dasein
der Zeitungen, sondern es ist das traurige
Dasein von allem, was wir sind und haben.

ERZIEHUNG

Bei einem Empfang für Nobelpreisträger
Kohn fragten die „Seitenblicke"-Leute
herausragende Anwesende nach der Schulzeit.
Kardinal König sagte: Sein Talent seien die
Sprachen, weniger die Mathematik.
Ich sage, sein größtes Talent ist zu erziehen.

Ich habe ein Feundchen, das in den fünfziger
Jahren das Kremser Gymnasium besuchte.
Franz König unterrichtete Religion. Eines
Tages kritzelte ein Schüler unter der Bank.
König sprach: „Was kritzelst du da?"
Der Schüler schwieg.
„Gib es her!"
Nein.
Da öffnete König die Ofentüre: „Wirf es
hinein!"
Und der Schüler warf es hinein.

Liebe Leute, das ist gelebte Diskretion.
Achtung vor dem Geheimnis des Schülers.
Nur der Schüler selbst weiß, was auf dem
Zettel war.

Hatte er Herrn König als Kuh gezeichnet,
einen obszönen Spruch geschrieben, ein
Liebesgedicht angefertigt?
„Wirf es hinein!"

Es bedürfte solcher Vorfälle, wie sie früher
zur Beschreibung des Guten in den
Lesebüchern standen, nicht, um den Mann zu
schätzen.
Wer einmal in Königs Nähe war, weiß es.
„Est aliquid quod ex magno viro vel tacente
proficias", sagte Seneca – die Begegnung mit
einem großen Mann fördert uns, auch wenn
er schweigt.
Und wahr ist's.

Prior

Wie sehr das Radio die Jugend verderben
und zu allerhand Unfug anregen kann, teilte
mir der Leser Dr. Konrad G. mit.
Man habe einen HNO-Arzt in einer
Diskussion mit Laien gehört, von denen einer
das Wort „Ohrschmalz" gebrauchte.
Die im Zimmer anwesenden Kinder
verstanden mit Fleiß nicht „Ohr-Schmalz",
sondern „Ohrsch-Malz", und vergnügten sich
damit, indem sie es schließlich sogar sangen.
„Wir mussten hart durchgreifen, um es
abzustellen, sind uns aber sicher, dass sie es in
die Volksschule tragen werden."

Diese Angaben, die Ihr Tmx mehr als
Anekdote denn als ernstliche Beschwerde
nahm, müssen nicht unbedingt erfunden sein.
Es ist unter Kindern üblich, zwei Wörter,
deren eines auf „-or" endet, während das
andere mit „Sch-" beginnt, zusammenzuziehen
und sich daraus einen Spaß zu machen.
Kinder fasziniert ja jedes Wort, das die
Erwachsenen entsetzt.

Manche verharren in dieser Einstellung bis ins Alter, vor allem in Theaterkreisen ist dies verbreitet, man sagt dann schmeichelnd, sie seien Kind geblieben.

Mir selber ist dergleichen zum ersten Mal widerfahren, kurz nachdem mich die guten Eltern den Benediktinern zur besseren Erziehung übergeben hatten.
Als Neuer wurde ich von den Mitschülern gefragt, ob ich schon wisse, wie der Prior der Abtei heiße, und ich wusste es nicht.
Schloch, sagen sie, Prior Schloch.
Ich habe sie sogleich geprügelt, ich weiß nicht, ob es gewirkt hat, jedenfalls aber gingen sie nicht zum Theater.

Beautiful people

In den „Seitenblicken" sah man die
Intendantin Zechner in Amerika Filme
einkaufen.
Diese Filme sind im Stil des kalifornischen
Traumes gehalten und sollen uns helfen, dem
Alltag zu entfliehen.
„Was", sagte Frau Zechner, „gibt es
Schöneres als Sonne, Strand, Meer und
beautiful people?"
Dazu der Leser Manfred T.: „Schöner als
Sonne, Strand, Meer und beautiful people
sind ein Regentag, kein Meer, ein Weingarten
mit Pfirsichbäumen und ein paar hässliche
Bauern darin."

Auch Ihr Tmx selber gilt als Anhänger des
Schattigen, Bedeckten, Umwölkten und der
lichtscheuen Personen.
Ich liebe auch nicht über alles die Anhäufung
von Beautys im Film:
Nichts ist in ihre Gesichter geschrieben
außer ein peinlicher Mangel
an Unglück.

Ohne geschunden worden zu sein, tänzeln sie
durchs Leben, verwöhnt von den
Proportionen der Mitspieler, erfreut von den
Äpfeln und Backen ihrer Geliebten.
Was aber die hässlichen Bauern betrifft:
Hässliche Bauern gibt es gar nicht, besonders
die Weinbauern sind alle schön.

Liebe Leute, mit diesem Geschmack sind wir
nicht populär.
Die Breitmasse, die Glücklichen – „Zum
Glück am besten disponiert ist der heitere
Idiot", lernt man auf der Universität – pflegen
Sonne, Strand, Meer und beautiful people als
„Traum" anzusehen, und weil die Television
kein elitäres Phänomen ist, werden solche
Filme eingekauft.
Ich verstehe es, aber zur Flucht aus dem
Alltag sitze ich lieber im tiefen Keller.

SCHÖNE MÄNNER

Letztens sagte der Karikaturist Ironimus in
den „Seitenblicken": „Schiache Männer gibt's
gar nicht!" Hier lag er auf einer Linie mit
dem lieben Gott, der keinen Hässlichen schuf.
Wir müssen von jedem Einzelnen sagen, dass
er ein großartiges Werk der Schöpfung ist,
auch Fred Sinowatz, auch Gerd Bacher sind
es, die Schönheitskönige Ironimi.

„Schiache Männer gibt's gar nicht!" – das ist
eine Predigt.
Die Menschen neigen ja leider seit alters her
dazu, sich übereinander ästhetisch zu äußern.
Die Römer sagten von einem, dessen Züge
nicht gefielen: „Ne bestiae quidem ferre
possunt" – Selbst das Vieh könnte ihn nicht
ertragen.
Davon haben wir das Sprichwort abgeleitet:
„Ein Mann braucht nur so schön zu sein,
dass sein Pferd nicht scheut."
Und wer seinen Homer las, dem kam
Thersites unter, der hässlichste Mann vor
Troja.

Säbelbeinig, hinkend auf einem Fuße, die
Schulter höckrig, gegen die Brust
zusammengebogen, wird er uns geschildert,
und „darüber spitzte sich zu sein Kopf, besät
mit spärlicher Wolle".
Würde, liebe Leute, auch Thersites Ironimum
bezaubern?
Ich denke wohl.
Denn erstens ist es für einen Karikaturisten
süß, wenn ihm die Modelle mit ein paar
Strichen gelingen. Und zweitens ist es eine
Frage der Humanität.
Schön, sagt man, ist eigentlich alles, was man
mit Liebe betrachtet.

STOA

Auch ein Leser, der in der Philosophie nicht
so beschlagen ist wie Ihr Tmx, wird schon
von den Stoikern gehört haben.
Wer wüsste nichts von ihrer Affektlosigkeit,
der „stoischen Ruhe", die ja noch heute im
Erziehungsideal des „Gentleman" fortlebt.
Die Lehre der Stoiker heißt bekanntlich Stoa
und ist nach der „Stoa poikile" benannt,
einer Säulenhalle im alten Athen.

Letztens fuhr ich an einem Plakat vorbei,
deren oberste Zeile STOA lautete. Weiter zu
lesen, kam ich nicht – zu schnell schoss mein
Wagen dahin.
Aber es freute mich, dass in Zeiten des
Trivialen und des herrschenden Idiotismus auf
dem öffentlichen Markt eine
Philosophenschule affichiert wird.

Neugierig geworden, wo denn heutige
Stoiker diskutieren, wo sie den Kampf gegen
die ihrer Meinung nach unerträglichsten
und hässlichsten Laster – die Unduldsamkeit

und Unenthaltsamkeit – führen, wandte ich den Wagen, um das Plakat ganz zu lesen.

Unter dem Worte STOA stand KOGLER. Und das bedeutet nicht, wie der Leser zu Recht argwöhnen wird, philosophierende Kogler der Stoa, sondern Stoakogler, und das ist etwas ganz anderes.

Ihr Tmx erschrak, der Leser wird es verstehen. Es wäre auch umgekehrt ein Schock: Käme man ins Bierzelt, und auf der Bühne stünden nicht der Erich rechts und links der Franz und mittendrin der freche Hans, sondern es erörterten dort die Nachfolger des Zenon von Kition und des Poseidonos ein Problem, betreffend den Logos oder so was.

QUO VADIS

In „Tohuwabohu“ sagte der beliebte
Schreihals Schuh bezüglich des Telefons:
„Wenn i z'Haus bin, heb i net ab. Wenn i net
abheb, bin i net z'Haus!“
Das gefiel mir über alle Maßen, und ehe mir
der Leser „Wieso? Warum?“ faxt, sage ich es
nun im Weiteren.

Liebe Leute, wir sehen hier das Absurde und
Rätselhafte angewendet, das Tohu der
Literatur, verwandt dem Wabohu der
Malerei.
Als wir jugendlich waren, spielten wir
mehrfach den zunächst leichtfüßigen, durch
seine Endlosigkeit aber an Marathon
gemahnenden „Quo-vadis“-Dialog:
„Wohin gehst du“ – „Ins Kino“ –
„Was spielen sie“ – „Quo vadis“ –
„Was heißt das“ – „Wohin gehst du“ –
„Ins Kino“ – „Was spielen sie“ –
„Quo vadis“ – „Was heißt das“ usw.
Wir spielten es von morgens bis abends,
einmal sogar von Moskau an, ohne aus dem

Fenster zu sehen, die ganzen 7150 km auf
unserer Fahrt mit der Transsibirischen
Eisenbahn nach Wladiwostok.

Wir setzten diesem poetischen, doch wüsten
und leeren Fragespiel fundamentale
Selbstverständlichkeiten entgegen wie:
„Zum Klavierspielen muss man geboren sein!
Denn wenn man nicht geboren ist, kann man
nicht Klavier spielen!" oder „Immer wenn ich
Kaffee trinke, kann ich nicht schlafen" –
„Mir geht es gerade umgekehrt, immer wenn
ich schlafe, kann ich nicht Kaffee trinken!"
So viel über meine Witzkultur, bei welcher die
philosophische Dimension freilich ein wenig
größer ist als bei Bobby-Witz und Wirtinnen-
Vers.

A.

Letztens war im TV-Insert das Match GAK
gegen Rapid angekündigt, auch der Ort:
„A.-Schwarzenegger-Stadion".
Liebe Leute, das war um ein „A." zu viel.

Jeder weiß ja, was hier „A." heißt, aber er
wüsste auch ohne „A.", nach wem das
Stadion benannt ist.
Schwarzenegger ist zu herkulisch, er hat jenes
Ansehen erreicht, bei dem nach ihm
Benanntes ohne Vornamen auskommt:
Goethe-Denkmal, Schiller-Locke, man sagt
auch nicht Wolfgang-Amadeus-Mozart-Kugel.
Nicht dass wir Angst hätten, „A." könnte
missverstanden werden. Es ist unbedroht,
obwohl sich hinter „A." allerhand verstecken
kann.
Erst letztens hörte ich einen als Bauern-
lümmel verkleideten Conférencier über eine
Verwechslung in der Frühstückspension
erzählen, in deren Badezimmer er zwei
Handtücher vorfand, das eine mit „G." und
das andere mit „A." gekennzeichnet.

Er habe, sagte er, sie entsprechend benutzt,
bis sich am Ende durch die Wirtin
herausstellte, dass „A." für „Angesicht" und
„G." für „Gesäß" stand.
Die Zuschauer lachten darüber lange wie
gekitzelte Pferde.
Doch niemand von ihnen wäre auf die Idee
gekommen, auch nur im Spaß dabei auf unser
„A." zu assoziieren.

Ob „A.-Schwarzenegger-Stadion" oder nur
„Schwarzenegger-Stadion" ist im Grunde
egal, aber man soll Überflüssiges meiden.
Auch ist der abgekürzte Vorname ein
russischer Brauch, und Schwarzenegger ist
nun einmal auf der anderen Seite, er wohnt
vis-à-vis solcher Usancen.

ÜBERRASCHUNG

In „Treffpunkt Kultur" erzählte der grundgescheite Harry Belafonte von einem Rat, den ihm Charles Laughton einmal gab: „Das Schlimmste, das dir als Künstler passieren kann, ist, dass du auf der Bühne berechenbar wirst. Das Publikum darf nie wissen, was du als nächstes machst!"

Denn Kunst ist nicht, durch Befragung herauszufinden, was das Volk will, sondern es zu überraschen, es mit Kreativität und Phantasie in Staunen und Lust und Schmerz zu versetzen.

Das Genie – und wem sollten wir denn nacheifern, wenn nicht dem Genie – zeigte sich immer dadurch, dass etwas Ungeahntes erschien, wovon man, wie Thomas Mann skizzierte, vorher keine Vorstellung hatte: „Das Geniale in der Kunst ist das Überraschende und erstaunlicherweise Entzückende, das Gewagte und durch Verwirklichung erst als möglich zu Erkennende."

Selbst in einem so kleinen Reich wie diesem
hier, in dem Ihr Tmx herrscht – es ist, wenn
der Leser nachmessen will, kaum größer als
7 x 19 cm –, soll es nicht anders sein.
Ihr Tmx behauptet, und er hat es mir erst
jüngst unterstrichen, nie ein größeres Lob
erhalten zu haben als in Hans Dichands
„Im Vorhof der Macht" mit dem Satz:
„Die Chance, dass auch nur ein Mensch vor
dem Fernsehschirm das denken könnte, was
ihm dazu einfällt, dürfte etwa so groß sein
wie die Gefahr, dass jemand von einem
Meteoriten getroffen wird."
Das ist eine gewisse Überschätzung, aber es
liegt etwas darin, das mir nicht missfällt.

Schulnoten

Letztens traten in den „Seitenblicken" neben
der amtierenden Frau Gehrer auch ehemalige
österreichische Unterrichtsminister auf – M.,
S., M., Z., Sch. – und machten ihr Fach
betreffende Geständnisse.

„Ich war ein sehr schlechter Schüler", sagte
Z. „Ich war bis 14 Jahre keine gute
Schülerin", sagte Frau Gehrer.

Liebe Leute, ob einer ein guter Schüler war,
geht aus Schulnoten nicht hervor.

Ob einer etwas fürs Leben gelernt hat, sieht
man nicht bei der Prüfung, sondern später:
wie er die aufgenommenen Fakten in
Hinkunft, in zehn, zwanzig, dreißig Jahren
miteinander verknüpfen und verweben wird
und was er dann damit treibt.

Ob einer nicht für seine Verhältnisse zu viel
lernte! Das gefährliche Zuviel!

Weil er alles wusste und verstand, kamen ihm
später dauernd Ideen und Bedenken in die
Quere, und es ging ihm wie jenem Manne,
den uns Georg Christoph Lichtenberg mit

dem schönen Satz porträtierte: „Er hatte so
viel Verstand, dass er fast zu nichts mehr in
der Welt zu gebrauchen war."
Das alles weiß man in der Schule noch nicht.
Aber so einer war, trotz guter Noten, ein
schlechter Schüler.
Durch zu viel Wissen kann obendrein
Hochmut entstehen, und Bildung ohne
Demut ist eine Schweinerei. Man lobt sich
dagegen sogar den Analphabeten.

Welche Zeugnisse Ihr Tmx selber erhielt?
Liebe Leute, man hat einmal gesagt, dass der
Lehrer ein Genie nicht zu erkennen vermag,
weil das Verhalten des heranreifenden
Genialen dem des Musterschülers
widerspricht.

Dabei sein

Peter Steinlechner, der Meister der beliebten
„Schürzenjäger", deutete letztens in
„Leporello" an, wer über eine Gegend singt,
sollte auch aus dieser stammen:
„Heino kommt vom Norden und singt ‚Blau
blüht der Enzian' – da beginnt der Kitsch!"

Herr Steinlechner dachte dabei natürlich an
den professionellen Gesang.
Wenn der Leser am Sommerabend in seinem
beleuchteten Gärtchen vor der
Verwandtschaft „Im blauen Meer liegt mein
Hawaii" singt oder „A so a Kongoneger, der
hat's guat", wird er nicht gleich ein
musikalisches Schwein sein. Niemand wird
ihm Inkompetenz vorwerfen, weil er nicht
vom Pazifik bzw. aus Zaire kommt.

Ich bezweifle Steinlechners Theorie jedoch
auch im Falle Heinos. Liebe Leute,
künstlerische Authentizität gewinnt man
nicht, indem man das, worüber man singt,
auch betrat, anfasste, streichelte oder bespie.

In dem schönen Schubert-Roman
„Schwammerl" heißt es in rührender
Altwiener doppelter Verneinung:
„Der Herr Schubert ist noch nie mit keinem
todkranken Kind durch die Nacht geritten
und hat doch den Erlkönig so schrecklich
schön zuwege gebracht."
Es scheint uns sogar, dass die unmittelbar
Beteiligten viel kunstlosere Lieder und Verse
machen als jene, die es vom Hörensagen
kennen und nur die Idee davon haben.
Oft entstehen Liebe und Poesie durch:
Sehnsucht danach und ein wenig Schauer
davor.

GEFAHR

Von der Sendung „Geschichten vom
Kaisermühlen-Blues" habe ich ein rührendes
Detail zu berichten.
Herr Düringer, ein wilder Hund, hatte seinen
Vater mitgebracht.
Es hat ja meistens etwas Rührendes, wenn
Söhne ihre Väter zeigen.

In diesem Falle erzählte Düringer,
wie er mit 14 Jahren zum ersten Mal
bei einem Moto-Cross an den Start
ging.
Moto-Cross ist, der Leser wird es wissen, ein
halsbrecherischer Geländesport der
Motorradfahrer, bei dem diese über Stock
und Stein hetzen, als hätten sie nicht ein
Motorrad, sondern ein Pferd.
Da habe also vor dem Start Vater Düringer
zum Sohn gesagt:
„Waßt eh, fahr vorsichtig!"

Es ist die entwaffnende Angst, dass sich der
Sohn, wie sie sagen, etwas tut.

Vielleicht sagten die Eltern Herrn
Goldbergers: „Spring nicht zu weit!", denn je
weiter sich einer hinunterlässt, desto leichter
bricht er sich das G'nack.
Ich kann nicht leugnen, dass mich dies durch
einen Vorfall im eigenen Haus betraf.
Als mein Vater 1914 vom Kaiser zu den
Waffen gerufen wurde und das Elternhaus in
die Richtung der Schlachtfelder verließ,
machte ihm die Mutter ein Kreuzchen auf die
Stirn und sprach:
„Kind, begib dich in keine G'fahr!"
Wir hatten immer feuchte Augen, wenn
davon die Rede war, und Herrn Düringer jun.
wird es vielleicht ähnlich gehen, wenn ein
wenig Sentimentalität am Platz ist, wodurch
auch immer sie ausgelöst werden mag.

TIL SCHWEIGER

In „Exclusiv" sagte der schöne deutsche
Schauspieler Til Schweiger, er habe
Sehnsucht, wieder unbekannt zu sein:
„Wenn man anonym ist, träumt man
davon, nicht anonym zu sein. Aber
dieser Traum resultiert daraus, dass man
nicht weiß, wie es ist, wenn man nicht
anonym ist. Ich glaube, es ist besser, anonym
zu sein."

Da hat er nicht Unrecht, obwohl ich weiß,
dass viele berühmte Leute – anders als Ihr
Tmx – mit der Öffentlichkeit nicht richtig
umgehen.
Wenn ich ahne, dass mir die Paparazzi auf
den Fersen sind, bleibe ich zu Haus.
Wir machen uns eine Eierspeise,
in die ich zum Schluss noch ein Stück
Butter rühre und die durch die Zärtlichkeit,
mit der ich sie bereite, ohnehin ein weit
kulinarischeres Vergnügen ist als alles,
was man in feinen Restaurants
bekommen kann.

Dadurch verdorrt die lästige Fotografenschar
vor der Türe, die Brüder schlafen und frieren
und hauen dann auf mich und mein
Geheimnis, wie sie sagen, den Hut drauf.

Freilich ist es unangenehm genug, auf der
Straße sogleich erkannt zu werden – nicht
von der Meute gejagt, sondern von allen
Augen still betrachtet zu werden.
Uneitle, empfindsame, ein wenig ängstliche
Naturen bekommen dadurch eine Blickphobie
wie weiland Kaiserin Elisabeth.
Henry Miller, der dergleichen auch spürte,
pflegte zu sagen: „In meinem nächsten Leben
möchte ich ein ganz gewöhnlicher Mensch
sein, ein Nobody, das Gegenteil von
jemandem – niemand."
Dergleichen sucht Til Schweiger und geht
jetzt zu diesem Zwecke nach Amerika.

INHALT

Österreich – Ungarn   6
Abwechslung   8
Schreiben   10
Eselsbrücken   12
Wunden   14
Kommen und Gehen   16
Tête de Moine   18
Wurst   20
Vogelsterben   22
Zauberer Bobby   24
Weinviertlerisch   26
Spucke   28
Atem trinken   30
Schüttelreime   32
Des Pfarrers Arme   34
Vorlberg   36
Schnarchen   38
Mutter Teresa   40
Onkel Otto   42
Schildkröte   44
Architektur   46
Blumen   48
Mutter   50
Theaterbesucher   52
Uuuaaaaahh   54
Der Liebling   56
Der Maikäfer   58
Klischee   60

Kronprunz	62
Urbs	64
Jahreszahlen	66
Wolferl	68
Muckenstrunz	70
Rudle und Steinböck	72
Strpüplkotu	74
Mittagsschläfchen	76
Literaten	78
Fasten	80
Lord Snowdon	82
Die Ausnahme	84
Allzu wahr	86
Doppeldeutig	88
Im Bett	90
Gestohlene Bücher	92
Requiescat	94
Docht	96
Karlskirche	98
Kammersänger	100
Schweinchen	102
Esperanto	104
Geliebteprüfen	106
Fremdwörter	108
Witze	110
Gabriel	112
Christkind	114
Röhren	116

Opernkarten	118
Traurige Komiker	120
Eulen	122
Niemand Geringerer	124
Bub/Mädchen	126
Nitschen	128
Rex	130
Dutzende Tote	132
Bilokation	134
Goethe	136
Pointen	138
Sex in der Küche	140
Tanzgruppe	142
Der Bändiger	144
Zeitung	146
Erziehung	148
Prior	150
Beautiful People	152
Schöne Männer	154
Stoa	156
Quo vadis	158
A.	160
Überraschung	162
Schulnoten	164
Dabei sein	166
Gefahr	168
Til Schweiger	170

Ein Buch voll Freude
und voll Lebenslust,
voll Schönheit
und voll Menschen

Edgar Breuss / Wolfgang Weber / Hans Peter Hasenöhrl
Sepp Forcher – I mog die Leut'
192 Seiten, 100 Farbabb., geb. mit Schutzumschlag
€ 21,50 / sFr. 37,–
ISBN 3-85326-149-3

„Ich mag Österreich, es ist das schönste Land,
und i mog die Leut!"

Sepp Forcher